Smart Tennis

최성훈 · 이연주 지음

UUP

Smart Tennis

■
2012년 01월 25일 **초판 인쇄**
2012년 01월 30일 **초판 발행**

- **지은이** 최성훈 · 이연주
- **펴낸이** 이철
- **펴낸곳** **UUP.**(울산대학교출판부) 680-749 울산광역시 남구 대학로 93(무거동) 울산대학교 출판부
- 전화 (052)259-2488 팩스 (052)277-3011
- **홈페이지** http://uup.ulsan.ac.kr
- **출판등록** 제370-1996-000001호(1996.3.13)
- ₩ 9,000

ISBN 978.89.7868.268.8 (93690)

머 리 말

처음 썼던 'Tennis One'이라는 책이 출간된 지 6년이 지났다. 당시 'Tennis One'은 스포츠 저널에 테니스 초급자들에게 추천할 만한 책으로 선정되었지만 현재 스마트한 시대에 살고 있는 우리 학생들에게 테니스를 효과적으로 가르치기엔 한계가 있었다.

그동안 전공과 교양 테니스 수업을 하면서 효율적인 테니스 수업을 만들기 위해서 고민해왔다. 실기와 이론을 같이 배울 수 있는 테니스 수업이 가장 이상적이라는 생각을 하게 되었고 우리에게 잘 알려진 유튜브나 페이스북, 블로그 등에서 자신의 동작을 언제 어디서든지 볼 수 있고 훌륭한 선수들과 비교할 수 있다면 효과적이겠지 하는 '스마트'한 생각까지 하게 되었다.

이제는 스마트기기나 디지털카메라를 이용하여 자신의 테니스 동작을 촬영하여 편집하고 리포트를 하면서 스스로 학습이 가능해지고 객관적인 시각으로 자신의 가능성을 발견할 수 있게 되었다. 구글이나 다음, 네이버를 탐색하면서 얻을 수 있는 유용한 테니스 관련 자료들은 리포트를 하는데 도움이 되고 실기와 함께 이론 능력을 향상시킬 수 있다.

테니스와 관련된 좋은 책들이 너무 많지만 이 책은 테니스 초보자들을 위한 책이다. 부디 이 책을 읽으면서 테니스의 즐거움에 빠져서 인생이 좀 더 행복해졌으면 좋겠다.

이 책이 나오기까지 많은 분들이 도움을 주셨다. 먼저, 테니스의 예절을 알려주시고 나의 지도교수이신 서울대학교 체육교육학과 김동진 교수님께 감사를 드린다. 박사과정 중에 테니스 선배이자 멤버였던 동서대학교 레포츠과학부 송강영 교수님, 부산대학교 체육교육과 조송현 교수님, 경인교육대학교 체육교육과 김재운 교수님께도 감사를 드린다. 또한 테니스를 과학적으로 설명해주셨던 서울시립대학교 물리학과 한문섭 교수님, 서울대학교 물리학과 김기훈 교수님, 테니스를 후배보다 아끼는 경기대학교 체육대학 이홍구 교수님과 관동대학교 스포츠레저학부 정영린 교수님께 고마움을 전한다.

마지막으로 테니스 모델이 되어주고 알뜰한 리포트를 제출해 준 우리 학생들에게 고마움을 전하면서 기꺼이 테니스 책의 모델이 되어준 장재훈과 방개클럽, 김태완과 신림피닉스클럽, 전공 후배인 이석훈과 이우형, 한승진과 이문진, 이용재와 김종호, 테니스 후배인 신명진과 김환수에게 고맙다는 말을 하고 싶고 출판을 위해 애써주신 울산대학교 김혜지 선생님, 김유나 선생님께 진심으로 감사를 드린다.

울산대학교 테니스 감독이시고 국가대표 출신이신 김재식 감독님과 이재성 코치님, 울산대학교 테니스부 선수들, 울산대학교 교수테니스 회원분들과 양순용회장님, 사랑과 깨끗한 매너로 똘똘뭉친 강서어택 회원분들과 이현 회장님, 울산부부테니스클럽 회원분들과 장평규 회장님, 울산클럽 회원분들과 노병태 회장님, 울산마스터즈클럽 회원분들과 윤영진 회장님께도 깊은 감사를 드린다.

저자 최성훈

책은 어떠한 역할을 하는가? 테니스 레슨이 동작의 습관을 만드는데 좋은 학습법이라면, 책은 테니스라는 여행을 하는데 필요한 지도(map)라 할 수 있다. 우리는 책을 통해 테니스의 전체적인 체계를 머릿속에 그릴 수 있다. 코치선생님들이 알려주는 지식들은 순간순간 말로서 전달되기 때문에 전체적인 이론체계와 함께 학습자에게 전달되기 어렵다. 그렇지만 책은 전체적인 과학적 원리의 이론체계 속에서 내용이 구성되어 있으므로 테니스의 전체 이론 틀을 이해하는데 큰 도움이 된다.

이 책 'Smart Tennis'는 테니스의 개별적인 기술에 대한 설명은 물론 게임방식 및 경기관람까지 내용에 포함하고 있어서 테니스의 전반적이 지식구조를 쉽게 이힐 수 있도록 구성되었다. 무엇보다도 대학 테니스 수업에 적합하도록 목차를 구성했기 때문에 테니스를 처음 접하는 학생들과 테니스를 조금은 칠 수 있는데 뭐가 뭔지 모르는 학생들에게 가장 큰 도움이 될 수 있다. 물론 테니스 지도자를 준비하는 학생들에게도 이 책속에서 테니스 지도를 위한 다양한 정보를 얻을 수 있을 것으로 확신한다.

아무쪼록 'Smart Tennis'를 구독하는 모든 독자들이 이 책을 통해 테니스 지식과 실력이 한 단계 Level Up 되는 계기가 되었으면 하는 바람이다.

공동저자 이연주

차 례

제 1 장

오리엔테이션 (Orientation)

테니스는 정말 매력적인 스포츠여서 스포츠로써 가진 장점이 헤아릴 수 없을 정도다. 페더러가 많은 시행착오를 경험하면서 세계 최고의 선수가 되었듯이 여러분들도 테니스를 배우기 위해서 열정을 쏟아 부었으면 좋겠다.

이번 장에는 테니스 수업에 대한 입문 편으로 오리엔테이션과 체크리스트, 테니스의 매력, 테니스 체인, 테니스의 역사와 대회, 테니스 수업을 위한 준비물로 구성하였고 마지막으로 리포트 요령과 추천할 만한 과제를 소개하였다.

1. 테니스 수업 안내

오리엔테이션은 개강 첫 주에 이론 수업이다. 수업은 테니스장에서 실기와 이론 수업, 그리고 인터넷을 이용한 사이버 강의로 진행된다. 오리엔테이션에서는 스마트 폰이나 태블릿 PC를 이용하여 수업 계획과 참고 사항, 중간-기말고사, 평가 방법을 메모한다. 스마트 폰이나 태블릿 PC는 자신과 동료의 동작을 촬영하여 장단점을 분석할 수 있고 리포트를 작성하는데 도움이 되기 때문에 수업시간에 최대한 활용하도록 한다.

※ 오리엔테이션 체크리스트 열 가지!

❶ 15-16주간 수업계획을 전체적으로 파악한다(Yes, No).
❷ 테니스 책이나 참고문헌을 도서관에서 대출한다(Yes, No).
❸ 중간, 기말 고사의 일정과 내용을 확인한다(Yes, No).
❹ 리포트 작성방법과 제출방법을 확인한다(Yes, No).
❺ 비가 올 때와 오지 않을 때 수업 장소를 확인한다(Yes, No).
❻ 자신에게 알맞은 테니스 라켓을 준비한다(Yes, No).
❼ 선생님의 e-mail, 홈페이지, 블로그 등을 노트한다(Yes, No).
❽ 라켓이나 신발의 적합성 유무를 확인한다(Yes, No).
❾ 테니스를 하기 위한 알맞은 복장을 준비한다(Yes, No).
❿ 사진과 동영상 촬영을 위해서 스마트폰을 준비한다(Yes, No).

2. 테니스의 매력은 어디에 있을까?

여러분은 테니스라는 스포츠에 대해서 얼마나 알고 있는가? 물론 여러분은 주위의 동호인 클럽이나 TV의 스포츠 채널에서 테니스 경기를 본 적이 있을 것이다. 테니스가 매력적인 첫 번째 이유는 테니스는 규칙이 있고 기술이나 경기 방법이 잘 구조화 되어 있으며 경쟁이나 스포츠맨십, 충분한 신체활동 등을 기본으로 하고 있기 때문이다.

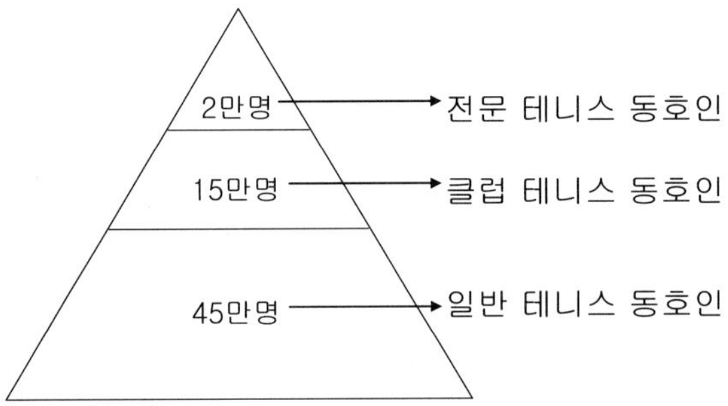

〈테니스 동호인 피라미드: Tennis One(출처)〉

두 번째 이유는 오랜 역사와 전통을 자랑하고 있고 호주오픈, 프랑스오픈, 윔블던, US오픈 등이 해마다 개최되고 있는 세계적인 스포츠라는 점이다. 세 번째 이유는 국내 60만 명이 넘는 테니스 동호인들이 있고 잘 갖추어진 테니스 시설을 쉽게 이용할 수 있다는 점이다. 마지막으로 네 번째 이유는 스포츠로서 많은 장점을 가지고 있어서 초등학교 때부터 은퇴 이후까지도 모든 연령대에서 즐길 수 있는 평생스포츠라는 점이다.

3. 테니스 체인(Chain)

테니스는 축구, 야구, 탁구, 배드민턴, 골프, 스쿼시, 라켓볼, 게이트볼과 기술면에서 닮은 점이 많다. 동호인의 입장에서 보면, 테니스는 초등학교-중학교-고등학교보다 대학교에서 접하는 경우가 많고 스쿼시와 라켓볼과 같은 실내 스포츠와 라켓 스포츠로써 경쟁 관계에 있다. 테니스의 기술은 초등학교부터 고등학교까지 접하게 되는 축구, 야구, 탁구, 배드민턴 기술과 새롭게 접하는 테니스 기술과 작용 또는 반작용을 하면서 발전한다.

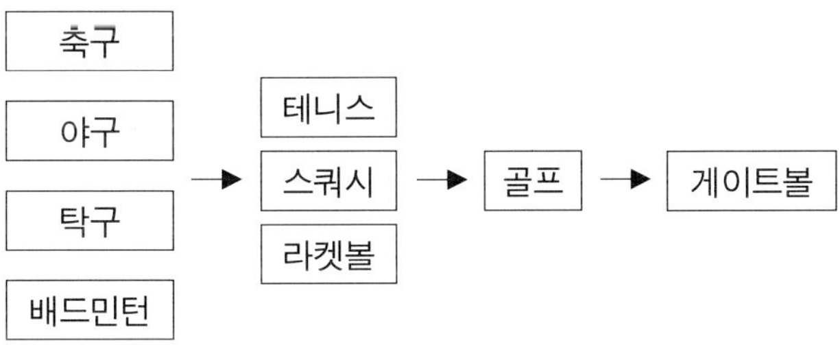

〈테니스 체인〉

테니스 초급자에게는 이전에 경험했던 축구의 강한 하체 운동과 민첩한 드리블, 동적 시력과 속임 동작, 야구의 투구 동작, 탁구의 탑스핀 걸기, 배드민턴의 스매시 동작들은 테니스를 배우는데 도움이 된다. 스쿼시와 라켓볼과 같은 라켓 스포츠를 배우는데도 테니스 기술은 유용하다. 테니스의 스트로크의 원리는 골프의 스윙과 같은 회전력을 최대로 하는 운동에도 활용이 된다. 노년층 사이에서 여가 활용으로 인기를 얻고 있고 방향과 거리 감각이 중요한 요소인 게이트볼과 같은 스포츠를 배울 때에도 테니스 기술은 이용이 된다. 이러한 다양한 스포츠 기술들을 연결하면 스포츠 기술들은 서로 영향을 주고받으면서 스포츠 체인을 형성한다. 스포츠 체인은 일반인들이 인생주기에서 어떤 운동을 선택하는지, 또는 어떤 스포츠 또는 여가 패턴(Leisure Pattern)을 보이는지, 그리고 시간의 흐름에 따라서 어떤 스포츠를 선택하고 기술들을 발전시키는지를 이해하는데 도움이 된다. 또한 어떤 운동 기술을 습득하거나 가르칠 때도 스포츠 체인에 대한 이해는 연관성 있는 운동을 선택함으로써 목표하고자 하는 기술을 익히는데 도움이 된다.

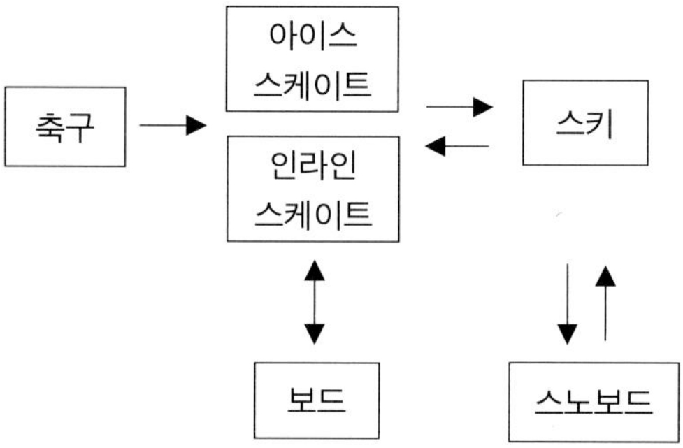

〈스키 체인〉

또 다른 예를 하나 더 들어보자. 겨울 스포츠인 스키나 스노보드 등은 스키와 보드의 에지(edge)를 이용하여 카빙(carving) 턴을 만든다. 스키에서 카빙 기술은 빠른 스피드와 회전 속도를 보여주기 때문에 초보자들이 익히기 어려운 최고 기술이라고 할 수 있지만 인라인 스케이트나 아이스 스케이트와 같이 에지를 사용하는 스포츠를 어렸을 때부터 경험한 아이들은 스키와 기술적으로 큰 차이가 없기 때문에 큰 어려움 없이 카빙 기술을 습득하게 된다. 물론 스키의 카빙 기술도 보드의 카빙 기술에서 영감을 얻었다고 한다. 스포츠 체인을 이해한 사람은 겨울 스포츠인 스키와 스노보드의 기술 향상을 위해서 무더운 여름철에도 인라인 스케이트와 보드를 연습하게 된다.

〈유소년 축구교실: 드리블 연습〉

특히 어렸을 때 경험한 축구는 하체를 강하게 하고 민첩성이나 운동 감각을 습득하는데 많은 장점이 있기 때문에 여러 가지 스포츠 체인에서 중요한 역할을 하게 된다. 실제로 테니스 선수들은 축구의 기술이나 동작을 훈련 프로그램에 반영하고 있고 강한 하체 근력을 필요로 하는 스키와 스노보드, 인라인스케이트, 아이스 스케이트 종목에서도 축구를 훈련 프로그램에 포함시키고 있다. 하지만 때때로 섬세하고 부드러운 동작이 요구되는 스포츠나 물에서 하는 스포츠에서는 축구가 스포츠 체인을 형성하는데 도움을 주지 못할 가능성도 있어서 주의해야 한다.

4. 테니스의 역사

고대 그리스나 로마시대에도 테니스의 기원으로 생각되어지는 볼게임이 있었다. 고대 로마에서 성행했던 토리곤은 유럽으로 퍼져 프랑스와 스페인에서 성행되었는데 테니스, 라켓볼, 스쿼시, 배드민턴, 탁구 등 라켓을 사용하는 스포츠의 원형으로 알려져 있다. 프랑스의 왕족과 귀족 사이에서 행해졌던 테니스는 '쥬드 폼'이라고 불리었다. 쥬드 폼이란 프랑스어로 손바닥이란 뜻으로 초기에는 손바닥으로 볼을 치는 경기였다. 원래 테니스란 용어는 프랑스어로 때린다는 'Tenez'에서 유래되었으나 영국에서는 발음이 비슷한 'Tennis' 라는 용어를 사용했다고 한다.

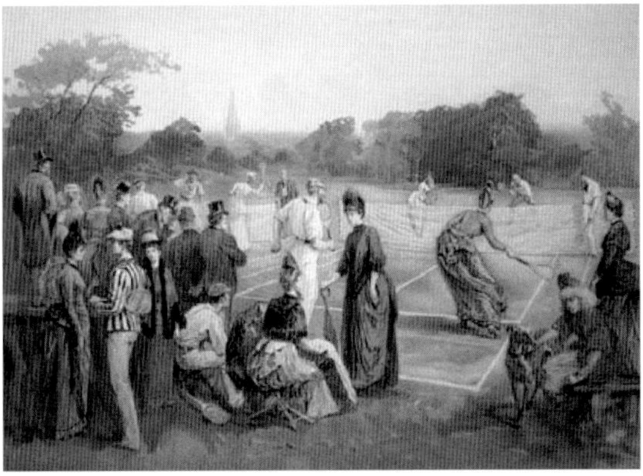

〈1887년 미국의 론 테니스: 위키백과(출처)〉

영국의 윙필드 소령은 1874년에 일정한 코트와 네트의 규격을 개발하였고 마샬은 오늘날과 같은 경기규칙을 만들었다. 최초 테니스 대회는 1877년에 영국의 윔블던이라는 도시에서 개최되었고 1896년 제 1회 아테네 올림픽부터 1924년 파리 올림픽 대회까지 올림픽 정식 종목이었다가 이후 제외되었다. 하지만 1988년 서울 올림픽 대회에서 테니스 경기는 다시 정식 종목으로 채택이 되어 세계적인 스포츠로 발전하게 되었다.

〈88서울올림픽 엠블럼〉

〈여자 단식 우승 슈테피 그라프〉

우리나라에 테니스가 소개된 것은 19세기 말 미국의 선교사들에 의해 소개되었고 일본인들은 볼과 라켓이 동양인들에게 무겁다고 생각해서 소프트 테니스(soft tennis)를 개발하였고 우리나라에는 연식정구로 소개되었다. 우리나라에서 열리고 있는 국제 테니스 대회는 한국 국제남자 퓨처스대회, 부산오픈 국제남자 챌린저대회, 인천 국제여자 챌린저대회, 창원 국제여자 챌린저대회, 한솔코리아 오픈, 삼성증권배 국제남자 챌린저대회, 그리고 이덕희배 국제주니어 테니스대회 등이 있다.

5. 테니스 대회

테니스 대회는 상금이나 포인트 등의 규모로 구분해 보면 퓨처스, 서키트, 챌린저, 메이저 대회로 구분할 수 있다. 메이저 대회는 테니스 대회 중에서 가장 크게 치러지는 4개의 그랜드 슬램 대회를 말한다. 실제로 2010년 윔블던 테니스 대회의 남자 싱글 부분에서 우승을 차지한 나달의 우승 상금은 100만 파운드(18억 6천만원)이었다. 2012년 호주 오픈 테니스 대회의 남녀 싱글 부분의 우승 상금은 230만 호주 달러(26억원)이었다.

〈US 오픈: 미국 빌리진 킹 테니스 센터〉

4개의 메이저 대회를 개최되는 순서는 호주 오픈, 프랑스 오픈, 윔블던, US 오픈 등의 순서이다. 먼저, 매년 1월에 멜버른에서 개최되는 호주 오픈은 가장 먼저 개최되는 그랜드 슬램 대회이고 우리나라의 기아자동차가 후원하는 대회이다. 2012년 호주 오픈에서는 남자 단식에서 세르비아의 노박 조코비치, 여자 단식에서 벨라루스의 빅토리아 아자렌카가 우승하였다.

매년 5월에 프랑스 롤랑 가로에서 개최되는 프랑스 오픈은 두 번째 메이저 테니스 대회로써 우리나라의 클레이 코트와 비슷한 앙투가(en-tout-cas) 코트에서 개최되는데 스페인 출신의 라파엘 나달이 6회 우승으로 가장 많은 프랑스 오픈 타이틀을 가지고 있어서 클레이 코트의 황제라고 한다. 유소년 시절에 라파엘 나달은 촉망받는 축구 선수이기도 했는데 테니스 선수로 전향 후 삼촌 토니 나달의 도움으로 2008부터 2011년까지 호주 오픈, 프랑스 오픈, 윔블던, US 오픈에서 우승함으로써 생애 그랜드 슬램을 달성하였다. 또한 2011년 프랑스 오픈에서는 중국 출신의 리나가 아시아 선수로써는 치음으로 여자 단식에서 우승하였다.

〈나달(스페인) / 페더러(스위스)〉

프랑스 오픈에 이어서 매년 6월 말에서 7월 초까지 2주간 개최되는 윔블던은 천연 잔디 코트로 유명하고 가장 역사가 오래 된 대회이다. 스위스의 로저 페더러는 2003년부터 2007년까지, 2009

년에 우승함으로써 6회 타이틀을 기록하고 있어서 잔디 코트의 황제로 불린다. 2004년에 개봉된 'Wimbledon'이라는 영화는 커스틴 던스트(리지 역)와 폴 베타니(피터 역)라는 유명한 배우들이 주연한 영화이다. 이 영화는 윔블던 테니스 대회를 배경으로 한 로맨스 영화였고 테니스 초보자들이 테니스 경기를 이해하는 데 도움이 된다.

〈리지 브레드베리〉

〈피터 콜트〉

4개의 메이저 대회 중에서 마지막으로 개최되는 US 오픈은 매년 8-9월에 미국 노동절을 전후하여 2주에 걸쳐서 뉴욕의 퀸즈 플러싱 메도우-코로나 파크에 있는 빌리진 킹 국제 테니스 센터에서 열린다. US 오픈은 호주 오픈과 같이 하드 코트에서 경기를 진행한다. 실제로 하드 코트는 무릎에 많은 운동 상해를 유발한다고 해서 우리나라 동호인들은 좋아하는 코트는 아니지만 관리비가 적게 든다는 장점이 있어서 최근에는 많은 지방자치단체에서 건립하고 있는 실정이다. 2011년 US 오픈에서 남자 단식은 세르비아의 노박 조코비치, 여자 단식은 호주의 사만다 스토서가 우승하였다.

6. 준비물

테니스는 매너와 스포츠맨십을 다른 스포츠보다 중요하게 생각하기 때문에 테니스를 할 때 복장에 신경을 써야 한다. 또한 운동량은 많기 때문에 수분의 배출이 잘 되는 운동복을 입어야 하고 테니스 코트의 바닥을 파손하지 않도록 테니스 신발을 신어야 한다.

1) 테니스 복장

운동복은 반바지, 바지, 상의 등이 필요하다. 운동복은 땀을 잘 흡수하면서 방출을 잘 하는 것으로 준비하는 것이 좋다. 운동복이 땀을 잘 방출하지 못하면 몸에 딱 달라붙어서 불쾌감을 주고 경기력에 지장을 준다. 날씨가 추울 때는 체온이 떨어져서 감기에 걸리기 쉽기 때문에 두꺼운 패딩 점퍼를 준비하는 것이 좋고 언제든지 갈아입을 수 있도록 여벌을 준비한다.

(테니스 상의)

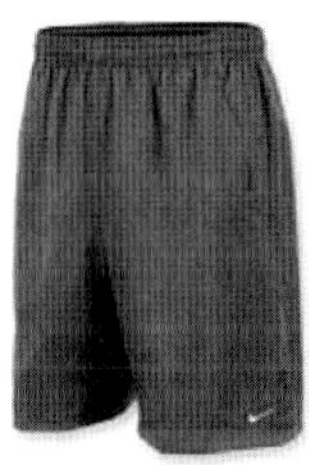

(테니스 하의)

(테니스 긴 하의)

〈테니스 복장〉

2) 테니스 신발

테니스 신발은 경기력에 도움이 되고 자기의 발 모양에 잘 맞으며 내구성이 좋은 것을 선택해야 한다. 테니스 코트의 바닥이 딱딱한 곳에서는 신발의 쿠션이 좋은 것으로 선택해야 한다. 신발의 쿠션이 좋지 않으면 무릎 관절에 악 영향을 미치기 때문이다. 마찬가지로 클레이 코트에서는 신발과 바닥이 마찰이 많기 때문에 바닥이 잘 닳지 않는 신발을 골라야 한다. 비용이 부담되는 학생들은 테니스장 바닥을 해칠 수 있는 요철이 심한 운동화만 피하면 될 것 같다.

〈테니스 하기에 부적합한 신발〉

3) 라켓

테니스를 처음 시작할 때는 중고 라켓을 사용하는 것이 낭비를 줄인다. 교양이나 전공 테니스 수업은 라켓을 대여할 수 있는지 미리 체크한다. 어느 정도 실력이 향상되면 주위에 있는 동료들의 라켓을 빌려서 사용해 보고 자기의 스타일에 맞는 라켓을 구입하는 것이 테니스 기술을 향상 시키는데 도움이 된다. 라켓을 고를 때에는 아래 그림처럼 오각형 그림을 참조하면 이해하기 쉽다. 라켓은 고유의 특성이 있기 때문에 파워, 컨트롤, 회전, 방향, 무게 등에서 모두 최고점(5점)을 받을 수 없게 설계된다. 예를 들어 무거운 라켓은 파워는 좋지만 컨트롤이 좋지 않을 수 있고 컨트롤이 좋은 라켓은 무게가 가벼워서 파워를 내기 힘이 들 수 있다.

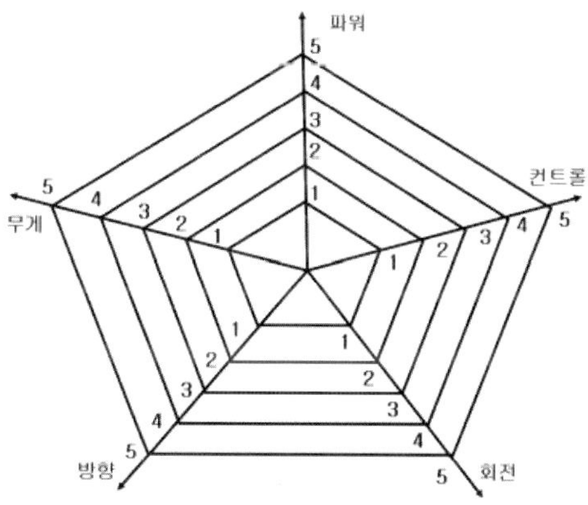

〈테니스 라켓의 5가지 특성 : Tennis Korea(출처)〉

실제 라켓을 구입할 때는 자기의 신장이나 힘에 비례해서 구입하고 테니스를 잘 아는 주위의 친구에게 조언을 구하는 것이 현명한 방법이다. 왜냐하면 추천할만한 테니스 라켓의 가격은 한 자루에 15만원부터 25만원까지 고가이고 한번 구입하게 되면 환불이나 교환이 어렵기 때문이다.

4) 자외선 차단제

테니스는 비나 바람뿐만 아니라 햇빛의 영향도 많이 받는다. 특히, 자외선은 얼굴을 새까맣게 태우기도 하지만 피부 노화를 촉진하고 햇빛 알레르기나 피부암을 유발하기 때문에 자외선 차단제를 이용하여 피부를 보호해야 한다. 자외선 차단지수(SPF)는 햇볕의 강도에 따라서 선택해야 하는데 보통 SPF 30 이상을 사용해야 하고 크림의 양은 충분해야 하며 3-4시간마다 자주 발라야 한다. 얼굴에 바를 때는 눈 바로 밑이나 눈 위로 바르면, 눈에 들어가서 아플 수 있기 때문에 눈에 들어가도 아프지 않는 것으로 선택해야 한다.

5) 썬 글라스

테니스에서 코트를 바꾸는 이유 중에 하나는 햇빛이 코트 전면에 비칠 때, 게임을 공정하게 하기 위해서이다. 햇빛 방향으로 로브(Lob)가 되면 햇빛 때문에 볼이 보이지 않고 눈에 나쁜 영향을 주며 게임에도 지장을 주기 때문에 썬 글라스를 착용하는 것이 도움이 된다.

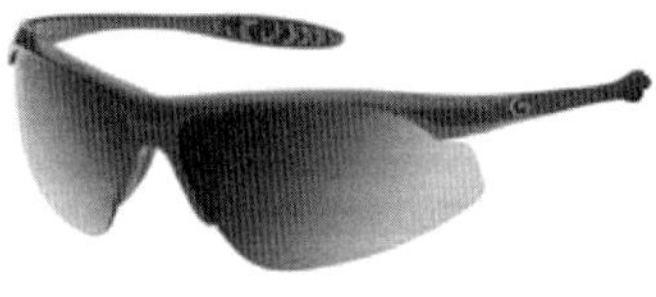

〈썬 글라스〉

7. 평가

1) 다음에 해당되는 단어를 우리말로 뜻과 함께 써보자.

❶ Tennis Chain (　　　　　　)
❷ Carving Turn (　　　　　　)
❸ Power and Control (　　　　　　)
❹ Sun Block (　　　　　　)
❺ Tension (　　　　　　)
❻ Grand Slam (　　　　　　)
❼ Soft tennis (　　　　　　)

2) 집 주위에 있는 테니스장에 대해서 알아보자.

❶ 테니스장 이름과 주소 :
❷ 연락처 :
❸ 레슨 비용 :
❹ 레슨 가능 시간 :
❺ 테니스 지도자의 이름 :

3) 동호인 대회의 이름과 대회 기간을 쓰시오.

❶
❷
❸

4) 천연 잔디에서 개최되는 테니스 대회는?

❶ 프랑스 오픈 ❷ 윔블던 ❸ US 오픈 ❹ 호주 오픈

5) 가장 먼저 개최되는 대회의 엠블럼은 어느 것인가?

6) 다음 그랜드 슬램 대회의 티켓 예매 방법을 쓰시오.

❶ Australian Open http://www.australianopen.com/

❷ French Open http://www.rolandgarros.com/

❸ Wimbledon http://www.wimbledon.com/

❹ US Open http://www.usopen.org/

7) 테니스볼과 정구 볼의 차이점을 쓰시오.

8) 테니스 초보자에게 적당한 텐션(Tension)은?

9) 윔블던(Wimbledon, 2004) 영화를 보고 리포트를 제출하시오.

❶ 영화에 나오는 테니스 용어를 모두 쓰고 설명하시오. ❷ 리포트는 확장자가 hwp인 한글로 작성하시오. ❸ 분량은 2쪽 이상 ❹ 글자크기 10, 줄 간격 160-180 ❺ 좌우 여백 20, 위쪽 20, 아래쪽 여백 15 ❻ 머리말 15, 꼬리말 15 ❼ 용지방향 좁게 ❽ 파일 이름 : 학번_이름, 예. 20120050_홍길동.hwp ❾ 리포트 제출 마감일을 꼭 지키시오.

10) 기말고사 리포트 안내하오니 미리 준비하기 바랍니다.

❶ 제목: 테니스 경기 관람 ❷ 경기관람 대상: 선수 대회와 동호인 대회 8강 이상 ❸ 남녀 대회 모두 가능함 ❹ 대한테니스협회와 동호인테니스대회 협회에서 검색 ❺ 좌우 여백 20, 위쪽 20, 아래쪽 여백 15 ❻ 머리말 15, 꼬리말 15, 용지방향 좁게 ❽ 파일 이름 : 학번_이름, 예. 20120050_홍길동.hwp ❾ 기말고사 1주일 전까지 제출하시오.

11) 맨 뒤에 있는 예문을 보고 자기소개서를 제출하시오.

경기관람1: 제 58회 전한국 학생 테니스 선수권대회

조선해양공학과 1000-12345
권창섭

심판도 없고 스코어도 제대로 알 수 없어서 누가 경기를 이기고 있는가 보다는 테니스 수업시간에 배운 것들과 선수들의 폼에 집중하여 경기를 관람하였다. 실은 사진을 찍느라 정신이 없어서 스코어를 제대로 세지 못하였다...^^; 경기를 관람하면서 신기하였던 점은, 그동안 테니스 수업을 들으면서 배웠던 것들이 경기에서 많이 나타나고 있었다는 것이다. 두개의 공만으로 게임을 진행하였는데, 서비스에서 Fault 된 공은 네트로 보내 Second Service 후에 같이 줍고, 상대편에게 공을 넘겨줄 때에는 원바운드로 넘겨주고 있었다.

아마 테니스를 하는 사람들의 에티켓인 듯하다. 그리고 리시브를 하는 쪽에서 앞의 선수가 서비스 라인에서 Fault인지 아닌지를 보고 Fault이면 "Fault!"라고 외쳐 임의 심판 역할도 겸하고 있었다. 수업시간에 선생님이 '셀프...시스템'이라고 하였는데 명칭이 잘 기억나지가 않는다..."선생님~ 가르쳐 주세요~^^"

한 가지 궁금한 점이 있었는데, 서비스를 넣기 전에 선수들이 모두 잘 들리지 않는 어떤 소리를 외치는 것이었다. 물어보기도 그렇고 하여 열심히 집중해서 들었는데, 추측으로는 준비가 되었다는 뜻으로 'Ready!'라 외치는 것이 아닐까...라고 생각했었다.

설마하고 옆의 학생에게 물어보았는데 그냥 '화이팅'하는 소리라고 하였다. 너무 의미를 부여한 탓으로 그렇게 들렸나 보다.

〈서비스할 때의 위치〉

〈리시브할 때의 위치〉

경기를 보던 중, 서비스를 넣을 때와 리시브를 할 때의 선수들 위치가 다르다는 것을 확인 할 수 있었다. 서비스를 넣을 때는, 앞에 있는 선수가 보다 네트 쪽으로 전진하여 있고, 리시브를 할 때는, 서비스라인 근처에 위치하여 Fault여부도 확인하고 있었다.

경기관람2: 2006 한솔코리아오픈 테니스대회

- 한 학기동안 느낀 점

산업디자인학과
2006720027
최소영

테니스 수업 과제 덕분에 처음으로 실제 테니스 경기를 보게 되었다. 아버지가 테니스를 좋아하셔서 TV로는 자주 보았는데 실제 경기로는 이번이 처음 경기관람이어서 굉장히 설레었다. 사실 나는 테니스에 대해서 전혀 모르고 관심도 없어서 2004년 한솔코리아 오픈 때 샤라포바가 온 이후에 비로소 한솔코리아오픈 테니스대회에 대해서 알게 되었다. 경기 전부를 관람하진 않았지만 테니스 대회가 열리는 기간 내내 한솔코리아오픈 테니스 대회 공식 홈페이지에 들어가서 경기 결과와 그날 경기에 대해서 체크했었다. 이번에는 힝기스가 온다고 해서 기대를 했었는데 힝기스가 너무 일찍 탈락하는 바람에 재미가 좀 덜했다. 이번 테니스 대회는 올림픽 경기장에서 열렸는데 그 바람에 처음 올

림픽 경기장도 가보았다.^^

결승전날 나랑 함께 수업을 듣는 친구와 같이 경기 관람을 갔었는데 우리가 조금 늦게 도착해서 이미 단식 결승은 끝나고 복식 결승 경기가 진행 중이었다. 어차피 결승전 티켓이 3만원이나 해서 정식으로 볼 생각은 아니었고 그냥 몰래 들어가서 잠시만 보고 올 예정이었다. 우리가 도착하니 복식 결승경기 중 잠시 쉬는 시간이라 마침 사람들이 다들 나오고 있었다. 그 틈에 잠시 경비원 아저씨께 말해서 잠시만 사진만 찍고 나오겠다고 겨우 졸라서 경기장 안으로 들어갔다. 우리는 정말로 선수들이 나오면 사진만 찍고 나올 생각이었는데 사람들이 입장하고 선수들도 나왔는데 경비원이 우리를 찾지 않는 것 같았다. 그래서 몰래 숨어서 얼마 남지 않은 경기를 다 관람하고 나왔다. 우리가 들어갔을 때는 6-2로 파스쿠알과 수아레즈 팀이 이기고 있었다. 역전에 역전을 거듭하는 긴박한 경기를 기대했는데 2회전에서도 파스쿠알-수아레즈 팀이 이기는 바람에 파스쿠알과 스와레즈 선수가 6:2, 6:3 으로 2회전에서 경기가 끝나고 말았다. TV에서 몇 번 보기는 했었지만 실제 경기장에서 보는 느낌과는 또 다른 새로운 느낌이었다. 여자 경기도 남자 경기 못지않게 재미있고 흥분된다는 것도 알게 되었다. 잠시 짧게 본 경기라 아쉬웠지만 재미있는 경험이었다.

● 번외 - 한학기 동안 느낀 점

한 학기 동안 테니스 수업을 들으면서 나는 태어나서 처음으로 테니스 라켓을 잡아보았다. 워낙 운동신경도 둔하고 운동을 잘 못해서 학교 다닐 때 체육시간에 항상 낮은 점수를 받았고 그래서 체육과목도 싫어했었다. 이번 테니스 수업 수강신청을 하고 난 뒤에도 그런 과정이 또 반복될까봐 걱정이 많이 되었었다.

아버지가 고등학교 때 테니스 선수였었다. 아버지와 어머니는 요즘도 함께 테니스를 치러 다니신다. 아버지는 테니스를 배워 놓으면 여러모로 도움이 많이 된다고 동생과 나에게도 가르쳐 주시려고 했는데 항상 그때마다 핑계를 대면서 피해왔었다.

처음 대학교에 입학했을 때 운동은 못하지만 그래도 꼭 한 가지 운동은 배우겠다고 다짐했고, 그래서 고민하다가 테니스 동아리에 가입했지만 우리 과 특성상 밤샘과제가 많고 수업 자체가 저녁에 끝나는 때가 많기 때문에 레슨에 한 번도 나가지 못했다. 그래서 결국 처음 테니스 배우는 데는 실패했었다. 그리고 이번에는 꼭 한번 제대로 배워 보겠다는 생각으로 이번 학기에 테니스 수업을 신청했다.

결론적으로 말하자면 난 한 학기 동안 너무 재미있었다. 운동이라는 것이 이렇게 재미있고 가슴 벅찬 것이라는 것을 처음 느꼈다. 운동을 하고 난 뒤에 먹는 밥이 그렇게 맛있는 줄 처음 알았고, 운동을 하고 난 뒤에 흘리는 땀이 그렇게 기분 좋은 것인지도 처음 알았다. 아빠가 테니스를 하는 이유도, 운동선수가 운동을 하는 이유도 다 이해하게 되었다. 나도 믿기 힘든 일이지만 이건 정말 거짓말이 아니라, 나는 일주일 수업 하는 동안 월요일 아침 11시를 제일 기다렸었다.

테니스는 굉장히 매력적인 운동인 것 같다. 사실 처음에 테니스 수업을 시작했을 때는 드롭 해버릴까도 생각했었다. 배드민턴처럼 치면 되는 줄 알았는데 완전 다른 방식이었다. 하지만 그래도 포기하긴 싫었다. 배우고 싶어서 들어갔던 동아리에서도 테니스를 배우지 못했는데 이번에도 포기하면 난 영원히 테니스를 가까이 하지 못할 것 같았다. 그리고는 연습하기 시작했다. 혼자서 기숙사 방 침대에서 스윙연습도 했었다. 테니스 수업이 시작되고 얼마 안 되서 추석 연휴였는데 추석 연휴 때 라켓까지 들고 대구에 내려가서 연휴 5일 동안 4일을 아빠랑 코트에서 테니스 연습을 했다. 보통 수업 시간에 치는 공 박스 2개를 혼자서 다 쳤었다. 그래도 힘들지 않고 재미있다는 사실이 정말 신기했다. 아빠는 내가 이렇게 운동에 열 올리는 것도 처음 봤고 이 연습량이면 왠만한 선수 연습하는 양인데 팔 안 아프냐면서 테니스가 많이 재미있나 보구나 하셨다. 체육 시간에 한 번도 칭찬 받은 적이 없었던 내가 이번 테니스 수업을 하면서 교수님께 칭찬도 받고 그러니까 정말 기분도 좋고 더 열심히 하고 싶었다. 비록 이번 수업이 한 학기로 짧게 마무리 되었고 초급 과정이었지만 다시 테니스 동아리에도 나가고 좀 더 연습을 많이 해서 실력이 쌓이게 되면 나중에 중급 과정도 수강할 생각이다. 한 학기 동안 못하는데도 칭찬 해주시면서 잘 가르쳐 주신 교수님께도 감사하고, 흥미 잃지 않고 잘 해낸 나 스스로에게도 대견하다^^ㅋ

A+

경기관람3: 테니스 대회를 다녀와서

조경학과
2006-123456
최리나

제7회 삼성증권배 국제남자챌린저테니스대회를 보기위해 올림픽공원에 갔습니다. 한국 테니스의 기둥인 이형택도 나온다고 하고 제대로 된 테니스 경기를 보는 것은 처음이어서 좀 설레는 마음이었습니다. 집에서 올림픽공원까지는 한 시간이 넘게 걸렸습니다. 그전에도 올림픽공원은 가보았지만 테니스코트는 처음 보았는데, 테니스 수업을 들으면서 테니스코트와 경기에 관심을 갖게 된 것 같습니다. 그날의 경기는 남자단식 경기였습니다. 날씨도 좋고 경기도 흥미진진해서 시간가는 줄 모르고 경기를 관람하고 사진도 찍었습니다.

오스트리아의 알렉산더 페야 선수가 몇 점 차이로 지고 있었는데, 경기가 잘 풀리지 않자 테니스라켓을 집어던지는 것을 보고 좀 황당하기도 했지만 선수들의 날카로운 강서브와 빠른 경기진행을 보면서 너무 멋있었습니다. 테니스의 매력에 빠져드는 것 같은 기분이었습니다. 하지만 그날 수업이 있어서 한 경기를 다 보지도 못하고 학교로 가야만 했습니다. 이형택의 경기도 구경하지 못해서 친구들과 다음에 다시 오자고 약속을 하고 학교로 갔습니다.

11월 5일 삼성증권배 국제남자챌린저테니스대회 단식, 복식 결승경기가 진행되었습니다. 그날 아르바이트가 있어서 아르바이트를 끝내자마자 올림픽공원으로 갔습니다. 하지만 이형택와 독일의 비욘 파우 선수와의 단식 결승경기는 이미 끝나서 아쉽게도 보지 못하였습니다. 친구들에게 이형택의 무서운 백핸드로 2-0으로 이겼다는 소식만 전해 들었습니다. 제가 도착했을 때는 가수 윤종신과 테니스선수 전미라 커플이 장애인 휠체어 농구단과 복식 경기를 펼치고 있었습니다. 윤종신과 전미라 커플이 이기긴 했지만 장애인과 함께하는 이벤트 경기여서 더욱 뜨겁게 응원했고 가슴이 따뜻해지는 것 같았습니다. 다음으로 복식 결승경기가 진행되었습니다. 전에 경기 관람하러 왔을 때 보았던 페야선수와 이형택에게 아쉽게 진 파우선수가 한 팀이 되어 태국의 우돔초케와 루마니아의 메르제아 조를 2-0으로 이겼습니다. 페야와 파우 팀이 계속 이기는 경기였지만 손에 땀을 쥐게 하는 멋진 경기였습니다. 선수들 모두 좋은 매너를 보여주었고, 특히 파우의 발리는 너무 멋있었습니다. 상대편을 꼼짝 못하게 하는 빠르고 강한 발리였습니다. 며칠 사이에 날씨가 부쩍 추워져지만 선수들의 열정적인 경기와 관중들의 뜨거운 응원 때문에 추위를 견딜 수 있었습니다. 저와 친구들도 맨 앞에서 열심히 응원을 하였습니다. 저는 페야 선수의 서브가 너무 멋있어서 눈을 땔 수 없었고, 제 친구 성은이는 파우 선수가 너무 멋있다고 했습니다. 경기가 끝나고 시상식이 열리기 전 선수들이 쉬는 틈을 타서 저와 성은이는 페야와 파우에게 사인을 받기도 하였습니다. 시상식도 끝까지 보고 우리는 집으로 돌아왔습니다. 집으로 돌아가는 내내 오늘의 테니스 경기 이야기를 했습니다. 저는 테니스를 열심히 배워서 재밌는 경기를 해보고 싶다는 생각을 하였습니다.

테니스 경기의 룰이 너무 어렵게만 느껴졌었는데, 실제로 테니스 경기를 보니 경기 진행방식에 대해서 조금이나마 익숙해질 수 있었습니다. 선수들의 행동하나하나를 보면서 테니스 규칙도 많이 알게 된 것 같습니다. 테니스기술은 많이 모르고 있었지만 선수들의 기량이 마음껏 발휘된 서브, 발리, 백핸드 등을 보면서 수업시간에 배웠던 것도 생각나고 선수들은 저렇게 기술을 발휘하는구나 라고 생각했습니다. 또 서브를 넣고 앞으로 가서 발리를 하는 페야와 파우 선수의 기술도 한 가지 배우게 되었습니다.

조금만 시간을 내면 이렇게 재밌고 흥미진진한 경기를 무료로 관람할 수 있다는 것을 깨달았고, 이번 과제를 통해서 스포츠 경기에 좀 더 관심이 생기게 된 것 같습니다.

A+

현대카드 Super Match Ⅲ를 다녀와서...

11월 21일 화요일.

몇 달 전부터 매스컴과 인터넷에서 떠들어 대던 로저 페더러와 라파엘 나달의 슈퍼매치. 현대카드에서 주최한 이번 매치는 현대카드로 예매하는 사람에게 할인해 주는 관계로 친구 누나의 카드를 빌려 어렵게 예매를 마치고 11월 21일을 학수고대하며 기다렸다. 그날의 아르바이트까지 빼먹고... 드디어 11월 21일. 수업도 없고 아르바이트도 없는 날. 6시 경기였으므로 느긋이 일어나서 경기 전에 페더러와 나달에 대해서 사전 조사를 했다. '테니스의 황제'라 불리며 ATP 랭킹 1위인 로저 페더러(Roger Federer), 그리고 랭킹 2위의 '황제 킬러'인 라파엘 나달(Rafael Nadal). 이 둘이 치르는 한 게임이야 말로 슈퍼매치라 불릴만하다 생각하였다.

4시가 넘어서야 친구와 함께 천천히 잠실 실내 경기장으로 향했다. 종합경기장 지하철역에서 내려 어디로 가야할지 헤매고 있는데 경기장으로 향하는 긴 행렬 덕택으로 힘들이지 않고 경기장을 찾을 수 있었다. 미리 2만 8천원의 거금을 들여가며 예매하고 경기장으로 향하는데, 옆에서 암표상 같아 보이는 아저씨,

아주머니들이 “2만원”하며 표를 사라는 것이 아닌가. ‘헛!!! 내돈 8천원’하는 생각이 잠시 스쳤지만 그래도 아쉬운 맘을 뒤로하며 매표소에서 예매권을 표로 바꾸고 바로 경기장 안으로 향했다. 만 여 석이 넘는 경기장이라 들었기에 너무 멀지 않은 곳에 자리를 잘 잡아야 될 텐데 라는 걱정과 함께 스탠드로 들어섰다. 경기 시작 30분전인데 벌써부터 경기장은 많은 사람들로 붐볐다. 잠시 자리를 찾느라 고생했지만 그래도 마침 좋은 자리에 앉아 경기를 관람할 수 있었다. 경기가 시작하기 전 이형택 선수가 나와 인터뷰를 하기도 하였다. 그러나 워낙 소란스러웠던 터라 이야기는 제대로 들을 수가 없어 아쉬웠다. 그 후 드디어 고대하던 우리의 페더러와 나달이 사회자의 소개와 함께 등장하였는데, 그 때의 함성과 갈채, 그리고 카메라 플래시 세례는 한참동안 계속되었다. 페더러의 첫인상은 ‘테니스의 황제’라는 수식어답게 듬직하고 차분한 모습이었고, 나달은 민소매 옷을 입고 있어 탄탄한 팔 근육이 잘 드러나 힘 있고 활기차 보였다. 바로 게임에 들어가지 않고 기념 촬영과 연습 랠리, 그리고 서비스 연습까지 하고 실제 경기를 시작하였다.

역대전적에서 우위를 보이는 나달의 파워 넘치는 서브로 쉽게 경기를 풀어 갈 것 같았으나, 역시 테니스의 황제 페더러는 게임을 쉽게 내주지 않고 조금씩 자신의 페이스에 맞추는 노련함을 보이며 1세트를 6-3 으로 이겼고, 2세트는 나달의 괴성과 함께 파워가 살아나 3-6으로 나달이 가져갔다. 마지막 세트에서는 노련함의 페더러가 차분하게 자신의 게임으로 만들어 결국 페더러가 승리를 거머쥐었다. 그래도 반전이 있는 영화가 더 재밌고, 1등보다는 2등에게 정이 가는 까닭에 페더러보다는 나달을 응원했었는데, 이기지 못해 아쉬운 마음도 없진 않았으나 멋진 경기를 펼쳤기에 둘 모두에게 열렬한 박수를 보냈다.

백핸드로 시속 150km가 넘는 공을 치는 왼손잡이 나달의 양손 백핸드. 정말이지 부러웠다. 나도 양손 백핸드를 연습해 볼가라는 생각이 들 정도였다. 공을 하나하나 칠 때마다 들어가는 기합, 그리고 로빙한 공을 뒤돌아서 때리는 스매시의 쇼맨십까지 정말이지 배우고 싶은 선수란 생각이 들었다. 그리고 정확한 코스의 깔끔한 서브, 발리로 마무리 하는 페더러. 가끔씩 나오는 엄청난 서비스. 역시 테니스의 황제다운 면모였다. 그래도 경기 중 실수로 나오는 탄성은 재미있는 관람 포인트 중의 하나였다. 솔직히 나달에게 신경이 너무 많이 가 있어서 페더러는 주의 깊게 보지 못한 것이 아쉬움으로 남는다. 그리고 나는 전체적으로 세계 랭킹 1,2위의 긴박감 넘치고, 활기찬 경기를 생각했었다. 그러나 약간의 루즈한 경기가 된 듯 한 느낌이었는데 이전의 마스터 대회로 인해 피로가 누적되어 그럴 거라는 뉴스에 다소 아쉬움이 있었지만, 그래도 멋진 경기를 보았다는 생각에 쉽게 잠을 이룰 수 있을 것 같지는 않다. 당분간 테니스 라켓이 내 몸에서 떨어질 날이 며칠 없을 것 같은 느낌이다.

A+

자기소개서

학과 : 법학부
학번 : 2000-12345
이름 : 김대현

1. 강좌 신청 동기 및 목적

졸업학기를 맞이하면서 그 동안 학부에서 못 들었던 수업들에 대한 욕심이 생기더라구요. 체육수업은 1학년 때 양궁수업을 들었던 것을 제외하고는 기회가 없었는데, 변경기간에 저에게 가장 적당한 수업을 모색하던 중 테니스 수업을 발견하게 되었습니다. 테니스는 3년 전 쯤에 체육부에서 개설한 교양강좌를 통해서 처음 접해봤는데요, 그 때 한 학기 동안 나름대로 즐거운 시간을 보냈지만, 그 이후로 전공공부가 좀 바빠지고, 같이 테니스를 즐길 상대가 없다보니 라켓을 놓게 되더라구요..ㅜ.ㅜ 테니스는 제가 평생을 두고 즐길 운동이라고 정했던 때가 있었는데, 이번 수업을 통해 그 꺼져가는 불씨를 되살리고 싶었습니다. 한 가지 욕심이 더 있다면 기본기와 자세를 제대로 익혀서 멋진 폼으로 테니스를 치고 싶은 간절한 소망이 있습니다.^^;

2. 자신에 대해서(장점, 단점)

저는 어떻게 보면 상당히 평범한 사람인 것 같습니다. 제가 생각해도 한 쪽에 치우치지 않는 온건한 사고방식을 가지고 있고, 기질도 꽤 온순한 편입니다. 나쁘게 말하면 물에 물탄 듯--; 근데 저를 좀 잘 안다는 사람들은 제가 자기만의 세계를 가지고 있다고 하더군요. 사진에서 알 수 있나요? 저는 나름대로 저를 아주 잘 표현한 사진이라고 생각합니다.^^

사람들은 보통 저더러 아주 신중하고 침착하다고 말합니다. 저도 어느 정도는 동의하고요. 그런데 아이러니하게도 저에게는 약간의 건망증이 있습니다. 그 원인을 어떻게 설명해야 할지는 저도 잘 모르겠지만,-'한 곳에 집중하는 능력이 뛰어난 반면 한 번에 여러 가지 일을 처리하는 능력은 부족하다'-. 아직까지는 제 자신을 이렇게 정리하고 있습니다.^^;

3. 취미, 좋아하는 운동

어렸을 때부터 공으로 하는 운동은 거의 다 좋아하고 즐겨하는 편입니다. 요즘은 동네 친구랑 시간 날 때 야구공으로 캣치볼을 자주 합니다. 제가 사실 야구를 무지 좋아합니다. 그래서 국내외를 막론하고 프로야구에 관심이 많고(원래는 엘지 팬이었으나 지금은 두산 팬입니다. 메이저리그는 오클랜드 어슬레틱스 팬입니다.) 잘 때도 요즘은 야구공을 쥐었다 놨다 하면서 자곤 합니다. 나중에 기회가 되면 사회인 야구단에도 가입하고 싶습니다.

4. 질병

특별한 질병은 없고, 건강합니다. 단지 고등학교 때 허리를 삐끗해 2달 정도 고생한 전력이 있어서 허리 유연성은 제가 생각해도 아주 별로입니다.

5. dream

지금 사법시험공부를 하고 있는데 앞으로 훌륭한 법률가가 되고 싶고, 특히 변호사가 된다면 스포츠관련분야에서 에이전트나 스포츠행정가가 되고 싶은 꿈이 있습니다.

A+

제 2 장

볼 다루기와 그립(Grip)익히기

테니스는 과학이다. 테니스는 과학적인 지식체계를 갖추고 있어서 초보자들이 배우기 쉬운 스포츠이다. 우선 자신의 테니스 실력에 대한 등급을 정해보자. 볼을 다루어 보고 그립을 익혀보자. 인터넷에서 멋진 테니스 동작을 검색해보고 자신의 테니스 동영상을 만들어 보자. 내 동작의 장점과 단점이 무엇인지 분석해보고 리포트를 작성하자.

1. 테니스의 지식 구조

테니스라는 스포츠를 쉽게 이해할 수 없을까? 테니스를 구성하고 있는 지식들을 한 곳에 모아서 특성에 따라서 분류해보면 테니스라는 스포츠를 이해하고 설명하는데 도움이 된다.

테니스 지식 구조

스포츠 지식 / 테니스 지식

스포츠 고유성	스포츠 배경지식	스포츠 과학지식	기초 기술	응용 기술
• 유희성 • 경쟁성 • 불확실성 • 조직성 • 운동성	• 역사 • 시설 • 규칙 • 용어 • 매너	• 운동생리학 • 트레이닝론 • 스포츠영양학 • 운동역학 • 스포츠심리학	• 그립 • 스텝 • 스트로크 • 서브	• 리턴 • 발리 • 스매시 • 로브

테니스 지식구조는 스포츠 지식과 테니스 지식으로 분류할 수 있다. 스포츠 지식은 스포츠 본래의 특성이라고 할 수 있고 테니스 지식은 구체적인 테니스 기술이다. 스포츠의 고유성은 스포츠가 가지고 있는 본래의 특성을 말하고 스포츠 배경 지식은 스포츠의 역사와 규칙, 용어와 매너에 해당된다. 스포츠의 과학적 지식은 운동할 때 발현되는 생리학이나 역학, 심리적 기전 등을 말한다. 테니스 지식은 기초기술과 응용기술로 구분할 수 있다.

2. 테니스 등급 정하기

여러분의 테니스 실력은 어느 정도인가? NTRP(National Tennis Rating Program)를 보고 자신의 테니스 실력을 평가해보자.

수준	설 명	학점
1.0	테니스를 처음 시작하는 초보자	D
2.0	그립이 좋지 않고 스윙에 문제가 있음 방향 조절이 어렵고 백핸드를 기피함 더블 폴트를 자주하고 토스가 일정하지 않음 네트로 나가는 것을 어려워 함	C
2.5	그립과 준비동작에 문제가 있음 백핸드 대신에 돌아서서 포핸드로 치려고 함 토스가 불규칙하고 느린 속도의 서브가 가능 느린 서브를 제대로 리턴 할 수 있음	B
3.0	준비동작이 제대로 되기 시작함 볼을 꾸준히 치기 시작함 서브에 리듬이 생기지만 세컨드 서브가 약함 볼에 힘을 싣는 경우 실수가 종종 발생함	A
4.0	볼의 방향과 깊이를 조절하고 꾸준히 칠 수 있음 볼에 회전을 주기 시작함 퍼스트는 서브는 강하게, 세컨드는 회전을 줌	A+
5.0	꾸준하게 백핸드로 공격적인 샷을 칠 수 있음 볼에 대하여 방향과 깊이, 회전량을 조절함 공격적으로 상대방의 약점으로 서브를 시도함	A+
6.0	주니어나 대학시절 선수 지방 또는 국내 랭킹을 인정받은 선수	A+
7.0	국제 대회 경험이 있는 선수 대회 상금이 주 소득원인 프로 선수들	A+

3. 볼 다루기

볼 다루기는 까칠까칠한 테니스볼을 테니스 라켓을 사용하여 자신이 의도하는 방향과 길이로 볼을 보내기 위해서 연습하는 것이다. 특히 여학생들은 남학생들에 비해서 대근운동발달검사(TGMD-2) 중에서 던지기와 받기 등의 물체조작기술이 부족하기 때문에 볼 다루기가 어렵고 테니스 기술을 익히는데 시간이 더 많이 걸린다.

던지기	❶ 회전 또는 회전 없이 볼 던지기 ❷ 핸드볼의 글라이드 패스를 이용한 던지기 ❸ 두 손으로 볼 던지기 ❹ 좌우로 움직이면서 볼 던지기
받기	❶ 오른손/왼손으로 볼 받기 ❷ 제자리 서서 볼 받기 ❸ 핸드볼의 글라이드 패스를 이용한 볼 받기 ❹ 두 손으로 볼 받기 ❺ 움직이면서 볼 받기
토스	❶ 왼손/오른손으로 볼 토스 ❷ 회전 또는 회전 없이 볼 토스 ❸ 토스 한 후 낙하하는 볼 잡기
치기	❶ 손바닥으로 밀면서 볼치기 ❷ 손바닥으로 볼에 회전 걸기 ❸ 두 손으로 볼치기 ❹ 움직이면서 볼치기

따라서 처음에는 던지기나 받기와 같은 작은 동작을 연습하고 나중에는 라켓을 이용하여 섬세한 동작을 습득하는 것이 좋다. 볼 다루기는 가장 기본적인 던지기와 받기, 던지기를 응용한 토스, 그리고 라켓 대신에 손바닥을 이용한 치기로 구성하였다.

1) 라켓 없이 2인 1조 패스

초보자에겐 라켓이 익숙하지 않기 때문에 테니스볼을 라켓 없이 다루는 능력을 기르는 것이 중요하다. 2인 1조가 되어 볼을 던지고 받기 연습을 해보자.

〈포핸드 스트로크로 캐치〉

〈핸드볼 글라이드 패스〉

2) 라켓 면으로 볼 다루기

테니스 라켓을 콘티넨탈 그립으로 잡고 라켓 면으로 볼을 튀겨 본다. 볼이 라켓 면에 튀길 때 느낌을 이용하여 높이를 조절해 보고 라켓 면을 바꾸어서 볼을 다루어 본다. 탁구 볼이나 배드민턴의 셔틀콕 쳤을 때와 어떻게 다른지 몸으로 느껴본다

〈라켓 면으로 볼 다루기〉

3) 라켓 프레임으로 볼 다루기

테니스 라켓을 콘티넨탈 그립으로 잡고 라켓의 프레임으로 볼을 튀겨 본다. 볼이 프레임에 맞을 때마다 15-30-40-Game의 순서로 4개만 센다. 다음에는 30회까지 도전해 보는데 이 연습은 볼 조절 능력과 집중력을 향상시키는데 도움이 된다.

〈라켓 프레임으로 볼 다루기〉

4) 라켓을 이용한 2인 1조 1/2 패스

한 사람은 라켓을 들지 않고 볼을 던져주기만 하고 파트너는 라켓을 이용하여 볼을 쳐서 패스한다. 던져줄 때는 파트너의 다리 바로 아래 던지지 말고 파트너 1m 앞에서 볼이 바운드 후 정점에서 타점이 형성되도록 주의한다.

〈라켓을 이용한 2인 1조 1/2패스〉

5) 라켓을 이용하여 2인 1조 2/2 패스

두 사람 모두 라켓을 이용하여 랠리를 한다. 처음에는 한 사람은 라켓을 이용하여 볼을 던져주고 파트너는 라켓을 이용하여 볼을 쳐서 패스한다. 익숙해지면 한 번 볼을 멈춘 후 한 번 바운드 한 후에 패스한다. 항상 볼을 던져주거나 볼을 잡을 때는 손을 사용하지 말고 라켓만을 사용한다.

〈라켓을 이용한 2인 1조 2/2패스〉

6) 네트를 이용하여 2인 1조 2/2 패스

지금까지 확장의 개념을 이용하여 볼 다루기를 라켓을 들지 않고 볼 다루기 → 라켓을 이용하여 볼 다루기 → 네트 없이 랠리 → 네트를 이용하여 랠리 순서로 진행한다.

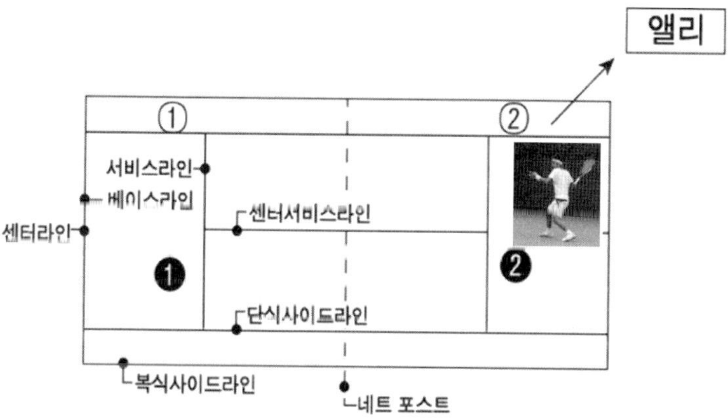

〈네트를 이용한 2인 1조 2/2 패스〉

이제는 네트를 이용하여 2인 1조 2/2 패스를 해본다. 확장의 개념을 이용한다면 앨리(Alley)를 이용한 랠리도 가장 적은 테니스장의 면적을 사용하여 정확성과 지속성을 향상시키기 위한 좋은 연습방법이다. 처음에는 ①과 ②지점의 앨리에서 랠리를 한 후 ❶과 ❷지점의 서비스 라인의 1m 뒤에서 랠리를 한다.

4. 그립(Grip) 익히기

테니스에서 가장 기본이 되는 그립은 콘티넨탈 그립, 이스턴 그립, 웨스턴 그립인데 엄지와 검지 사이의 V자 홈의 위치에 따라서 구분한다. 테니스볼은 세 가지 그립의 형태에 따라서 회전의 양, 속도와 길이가 변하게 된다.

1) 콘티넨탈 그립

콘티넨탈 그립은 엄지와 검지 사이의 V자 홈의 위치가 라켓 프레임과 같은 방향이고 백핸드 슬라이스, 서브, 스매시, 발리를 할 때 주로 사용한다. 콘티넨탈 그립으로 스트로크를 하게 되면 '테니스 엘보'라는 운동 상해를 당할 확률이 높고 이런 현상은 초보자나 테니스를 80-90년대 배운 동호인에게서 발견된다. 콘티넨탈 그립은 포핸드와 백핸드 탑스핀 스트로크를 할 때는 사용하지 않는 것이 좋다.

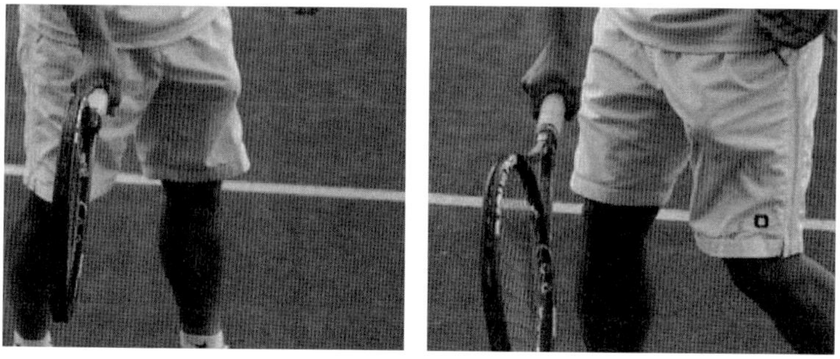

〈콘티넨탈 그립의 포핸드와 백핸드: Tennis One(출처)〉

2) 이스턴 그립

이스턴 그립은 엄지와 검지 사이의 V자 홈의 위치가 프레임과 면의 사이에 위치하고 회전이 적게 걸린 플랫 성 타구나 탑스핀을 걸 때 사용하며 초보자, 중급자, 상급자 모두 사용하기 때문에 가장 일반적인 그립이라고 할 수 있다. 이스턴 그립은 콘티넨탈 그립에 비해서 테니스 엘보를 경험할 확률이 낮다. 테니스 초보자들에게 가장 추천하고 싶은 그립이다.

〈이스턴 그립의 포핸드와 백핸드: Tennis One(출처)〉

3) 웨스턴 그립

웨스턴 그립은 엄지와 검지 사이의 V자 홈의 위치가 라켓 면과 같은 방향이고 탑스핀을 걸 때 가장 많이 사용하며 초보자들이 소화하기 어려운 상급자 그립이라고 할 수 있다. 웨스턴 그립을 이용하여 스트로크의 정확성이나 회전이 어려우면 이스턴 그립과 웨스턴 그립의 중간 그립인 세미 웨스턴 그립을 이용하여 연습 한다. 웨스턴 그립은 와이퍼 스윙을 하기에 적당한 그립이고 스윙의 궤도가 크기 때문에 테니스 초보자에게 처음에는 배우기 어렵지만 익숙해지면 스트로크의 회전과 파워가 좋아져서 추천할만한 그립이다. 테니스 초보자들이 웨스턴 그립을 마스터하기 위해서는 테니스 코트의 네트 앞에서 파트너와 웨스턴 그립만을 사용해서 1:1 랠리 연습을 하는 게 좋다. 테이크 백이 늦으면 타점이 뒤쪽에 형성되기 때문에 테이크 백을 빨리해서 타점이 앞에 형성이 되도록 한다.

〈웨스턴 그립의 포핸드와 백핸드: Tennis One(출처)〉

5. 평가

1) 다음에 해당되는 단어를 우리말로 뜻과 함께 써보자.

❶ Body of knowledge of Tennis ( )

❷ Amateur ( )

❸ NTRP ( )

❹ TGMD ( )

❺ Glide ( )

❻ Alley ( )

❼ Base Line and Center Line ( )

2) 테니스 엘보(Tennis elbow)에 대하여 리포트를 작성하시오.

3) 테니스의 지식 구조를 구성하는 5가지 요소를 설명하시오.

4) NTRP에 따라서 자신의 테니스 등급을 정하시오.

5) TGMD-2를 구체적으로 설명하시오.

6) 테니스 라켓의 프레임으로 볼을 30회 이상 쳐보시오.

7) 세미 웨스턴 그립을 선택했을 때 손 모양을 설명하시오.

8) 자신의 '랠리 분석'이라는 제목으로 리포트를 작성하시오.

❶ 벽에서 또는 2인 1조로 랠리 연습을 한다. ❷ 스마트폰이나 디지털카메라로 촬영한다. ❸ 동영상편집기로 자신의 동작을 편집하시오. ❹ 편집된 동영상은 10MB(.wmv)를 넘지 않도록 저장하시오. ❺ 동영상에서 필요한 부분을 캡처하여 저장하시오. ❻ 한글에서 그림을 불러오기를 한 후 설명하시오. ❼ 리포트 제출 요령을 따르시오. ❽ 한글 파일과 동영상 파일 2가지를 제출하시오. ❾ 주의 사항: 리포트 제출 마감일을 꼭 지키시오.

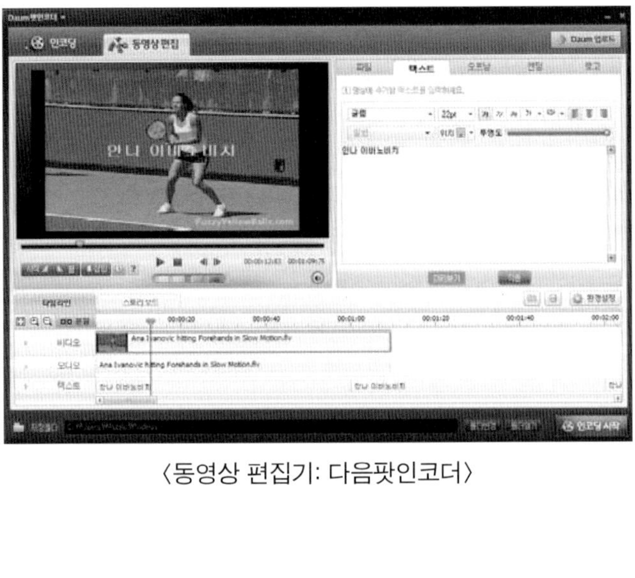

〈동영상 편집기: 다음팟인코더〉

제 3 장

스트로크의 원리
(Theory of Stroke)

테니스를 잘하기 위해서는 어떤 볼을 만들어야 하는지 이해해야 한다. 테니스 상급자가 되기 위해서는 속도가 빠르고 회전이 많은 볼을 스트로크 할 수 있어야 하는데 세미 웨스턴이나 웨스턴 그립이 이상적이다. 무엇보다도 테니스 초급자들이 스트로크를 할 때 볼의 안정성, 방향과 깊이, 속도와 회전을 고려하여 연습한다면 예상보다 빨리 테니스 실력이 향상 된다.

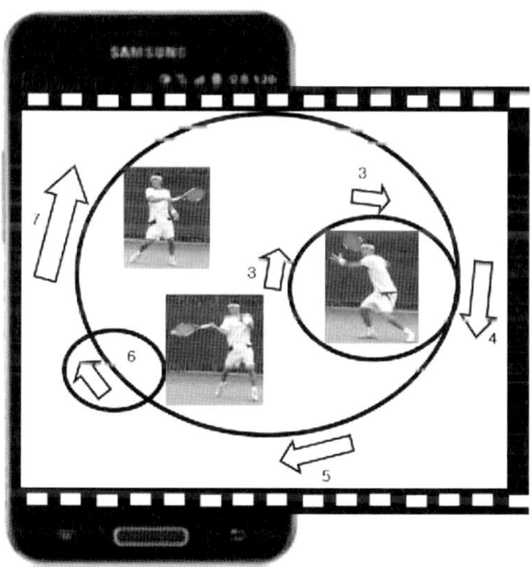

1. 스트로크의 원리

테니스를 잘하기 위해서는 스트로크 원리를 잘 이해해고 연습해야 한다. 물론 연습과 경험을 통해서 스트로크의 원리를 학습할 수 있지만 스트로크의 원리를 반영하지 않은 연습은 테니스 기술이 쉽게 향상되지 않는다.

1) '어떤 볼'을 만들어야 하는가?

테니스 초보자는 어떤 볼을 만들어야 할지 잘 모른다. 하지만 회전과 속도에 대한 개념이 뚜렷하고 실제로 연습해보면 어떤 볼을 만들어야 하는지 알 수 있다. 자 이제 내가 만들어야 할 볼을 정했다면 그만큼 시간을 절약할 수 있다.

〈초보자의 스트로크: 회전이 적고 속도가 느린 볼〉

우선, 우리가 만들어야 하는 볼은 상대에게 위협을 줄 수 있는 그런 볼이어야만 한다. 상대에게 위협을 줄 수 있는 볼을 초급자가 만들기 어렵다. 왜냐하면 초급자가 만든 볼은 좋은 자세로부터 만들어지지 않았기 때문에 속도와 회전이 부족하고 반대로 상급자가 만든 볼은 좋은 자세에서 만들어졌기 때문에 속도와 회전이 많기 때문이다.

〈상급자의 스트로크: 회전이 많고 속도가 빠른 볼 〉

피트 샘프라스(Pete sampras)와 안드레 애거시(Andre agassi)를 길러낸 세계적인 테니스 코치로 알려져 있는 미국의 닉 볼리티에르(Nick Bollitier) 코치는 이런 위협적인 볼을 만들 수 있는 타구를 킬러 포핸드(killer forehand) 또는 볼리스틱 백핸드(bolistic backhand)라고 하였다. 킬러 포핸드나 볼리스틱 백핸드와 같이 위협적인 볼의 공통점은 속도가 빠르고 회전이 많아서 상대방 앞에서 바운드가 높아서 타구하기 어렵다는 점이다.

자! 이제 상급자가 만든 엄청난 속도와 회전이 감긴 볼 하나를

상상해 보자! 아마, 볼의 속도와 회전이 엄청나서 상대가 반응하기도 전에 볼이 상대를 통과해 버릴 것이고, 이런 볼을 받아야만 하는 상대는 경기 내내 빠른 볼에 반응해야 하기 때문에 엄청난 체력이 소진될 것이다. 또, 상급자의 볼이 마구와 같은 회전하여 큰 바운드를 일으켜서 상대는 타점(hitting point)을 정상 궤도보다 위에서 잡아야 하기 때문에 임팩트가 어렵고 까다로운 경기 운영을 해야만 할 것이다. 그러나 몇 가지 간과하지 말아야 할 점은 볼의 속도와 회전은 반비례 관계라는 점인데 일반적으로 볼의 속도가 빠르면 회전이 약하고, 볼의 회전이 많으면 속도가 약하게 된다.

〈스트로크와 볼의 회전〉

테니스는 야구의 홈런과 다르게 테니스볼은 가운데 91.44cm 높이의 네트(net)를 넘겨서 일정한 규격의 코트 안에 떨어져야만 유효하다. 아무리 빠른 볼도 네트를 넘어서 코트의 엔드 라인 안에 떨어지지 않는다면, 백해무익(百害無益)이다. 따라서 볼의 회전에 의해서 보다 코트의 엔드 라인 안쪽에 떨어지도록 보다 많은 회전을 주어야 한다. 많은 테니스 초보자들은 어떤 볼을 만들어야 하는지에 대한 개념이 부족하여 아무 생각 없이 볼을 치고 만다. 그리고 이러한 이유 때문에 초보자들의 테니스 기술은 발전하지 않고 결국에는 테니스의 재미를 맛보지 못하고 중단하고 마는 경우가 많다.

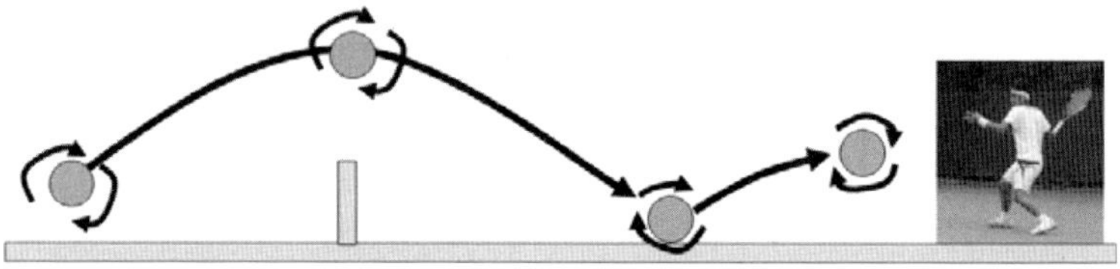

〈테니스볼의 1-2차 포물선 운동〉

2) 속도가 빠르고 회전이 많은 볼?

테니스 초보자들이 자주 하는 질문은 "선생님 어떻게 하면 속도가 빠른 볼을 만들 수 있을까요?", "선생님처럼 포핸드나 백핸드 스트로크를 할 때 볼이 회전을 많이 걸리면서 라인 안에 들어가지요?", 선수처럼 백핸드 슬라이스나 서브와 스매시, 발리 등을 멋지게 잘할 수 있을까요?" 하고 질문을 한다. 정답은 속도가 빠르고 회전량이 많은 볼을 만들기 위해서는 볼의 포물선 운동, 알맞은 그립, 임팩트를 할 때 볼과 라켓의 위치, 각 관절의 스윙 궤도, 회전과 속도, 그리고 인체 지레의 원리 등을 먼저 이해하고 연습하는 것이다.

(1) 볼의 포물선 운동

포핸드와 백핸드 스트로크에 의해서 만들어진 볼은 중력과 함께 마그누스 효과(Magnus effect)에 의해서 회전을 하면서 포물선 운동을 하게 되고 상대방의 코트에 바운드 된 후에도 지속된다. 볼의 포물선 운동을 이해하였다면 라켓 면을 어떻게 만들어야 할 지 고민해야 한다. 특히, 회전이 많은 볼은 높게 바운드가 되는데 높은 볼을 치기 위해서는 콘티넨탈 그립보다는 이스턴 또는 웨스턴 그립을 선택해야 하고 볼도 배꼽보다 20-30cm 앞에서 임팩트를 해야 한다.

〈콘티넨탈 그립〉

〈세미 웨스턴 그립〉

(2) 알맞은 그립

그립에 따라서 만들 수 있는 볼의 종류가 다양하다. 즉 볼의 구실에 따라서 그립의 종류가 다를 수 있는데 그립의 형태가 한 번 정형화 되면 바꾸기 어렵고 바꾸는데 시간이 많이 걸리기 때문에 처음부터 효과적인 그립을 선택해야 한다. 따라서 포핸드 스트로크를 할 때는 현대 테니스에서 요즘 선수들이 일반적으로 사용하고 있는 이스턴 그립이나 세미 웨스턴 그립, 웨스턴 그립을 사용하는 것이 효과적이다. 또한 한손 백핸드 스트로크에서는 이스턴 그립이나 세미 웨스턴 그립을 사용해야 한다. 마지막으로 서브와 발리, 로브와 스매시에서는 엄지와 검지가 이루는 V자 홈이 일직선이 되는 콘티넨탈 그립을 사용해야 한다.

〈당구의 스트로크〉

〈테니스의 스트로크〉

(3) 임팩트 시 볼과 라켓의 위치

회전이 많은 포핸드 스트로크를 할 때는 볼과 라켓의 위치가 중요하다. 볼에 회전을 많이 걸기 위해서는 라켓이 볼보다 아래에서 위치하여 임팩트가 이루어져야 한다. 회전을 많이 이용하는 당구를 한 번 생각해 보자. 당구장에 가면 '오시', '무시'라는 용어를 가장 많이 듣게 되는데 모두 회전과 관련된 일본식 차용어다. 당구 볼에 회전을 많이 주기 위해서는 큐대를 이용하여 볼의 한 가운데 바로 위나 옆을 쳐야 회전이 많이 걸린다. 만약, 당구 볼의 가운데를 치면 회전이 걸리지 않게 된다. 테니스도 당구와 마찬가지로 회전의 원리가 작용한다. 테니스볼의 회전을 많이 주기 위해서는 임팩트 이전에 라켓이 볼보다 아래에 위치해서 스윙해야 한다. 만약 슬라이스라면 반대로 테니스볼보다 라켓이 위에 위치하여 아래로 스윙해야 한다.

(4) 스윙 궤도

테니스의 스윙 궤도는 차량에 장착되어 있는 와이퍼의 움직임을 따르는 것이 좋다. 와이퍼 스윙(wiper swing)은 세미 웨스턴 그립이나 웨스턴 그립을 활용하여 자동차의 와이퍼처럼 전면에서 크게 휘둘러서 끌어 올리는 동작이다.

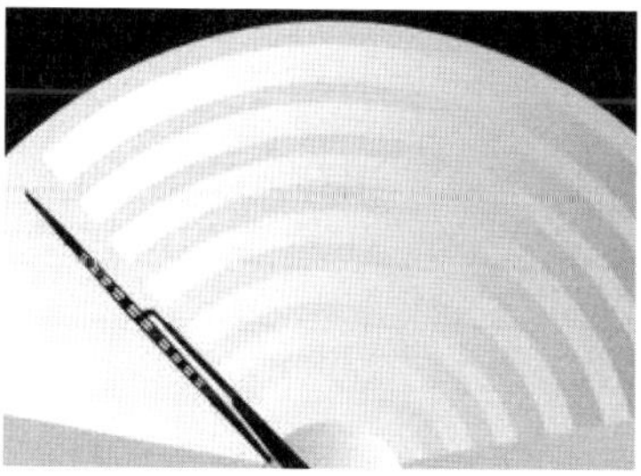
〈자동차의 와이퍼〉

〈테니스의 와이퍼 스윙〉

와이퍼 스윙 궤도를 만들기 위해서 누운 8자형 스윙 연습법을 소개한다. 누운 8자형 스윙 궤도는 정면에서 보았을 때, 두 개의 원이 결합된 형태이다. 그림에서 보는 바와 같이, 왼쪽의 1-2-3 -4 구간은 한손 백핸드 스트로크 스윙 연습 구간이고 5-6-7-8 구간은 한손 포핸드 스트로크 스윙 연습 구간이다.

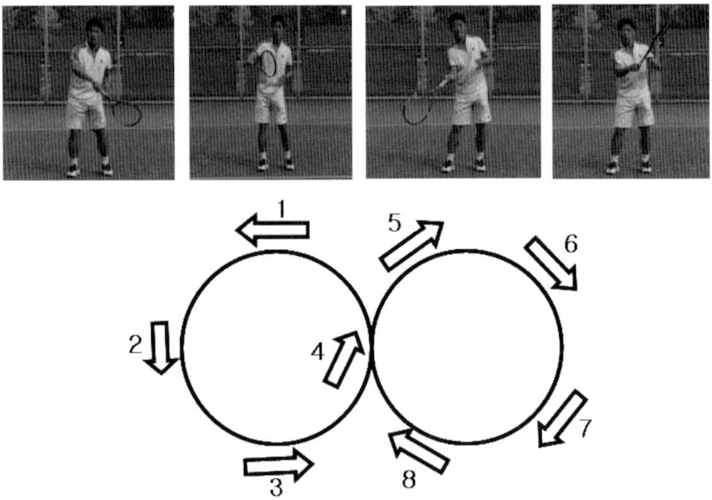

〈누운 8자형 스윙 궤도: Tennis One(출처)〉

그러면 서브의 스윙 궤도는 어떻게 될까? 아래 그림은 서브할 때 나타나는 스윙 궤도를 간단하게 나타낸 것이다. 먼저, 가장 큰 원은 몸 전체적인 서브 스윙 구간을 나타낸 것이다. 가운데 중간 원으로 표시된 1-2-3-4 구간은 서브할 때 토스 후 라켓이 어깨 뒤에서 테이크 백을 했을 때 일어나는 라켓의 스윙궤도를 나타낸 것이다. 궤도상에 가장 작은 원으로 표시된 5구간은 볼과 라켓의 임팩트 순간을 나타낸 것이고 6-7 구간은 임팩트 후 팔로드로우 구간이다. 테니스의 서브 동작은 몸과 라켓이 만드는 작은 원들의 회전에 의해서 이루어진다고 할 수 있다. 서브의 속도가 200km가 넘는 미국의 앤디 로딕과 같은 선수는 이러한 메커니즘을 가장 효과적으로 이용하는 선수라고 할 수 있다. 속도를 최대로 하기 위한 회전 운동의 메커니즘은 테니스뿐만 아니라 야구에서 투수의 투구 폼에서 찾을 수 있다. 투수가 150km가 넘는 볼을 던지기 위해서는 팔의 힘만으로는 어렵고 몸 전체의 유연성과 회전 운동의 메커니즘을 활용해야만 한다.

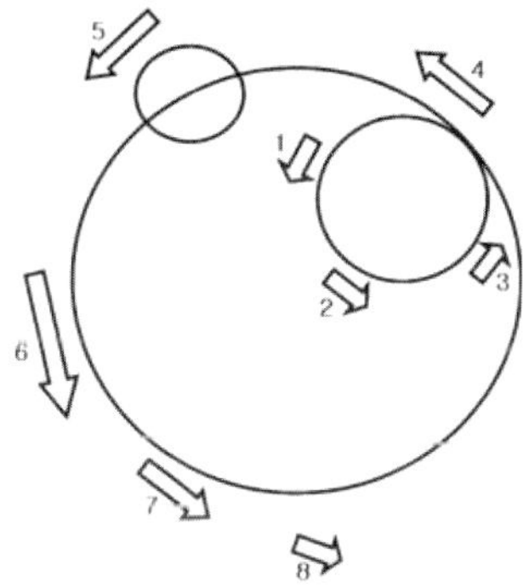

〈회전운동의 메커니즘〉

〈서브의 메커니즘〉

〈야구 투수의 투구 메커니즘: 구글의 이미지 검색(출처)〉

(5) **회전과 속도**

운동량(P)은 무게(M)와 속도(V)에 비례한다(P = MV). 운동량을 증가하기 위해서는 라켓의 속도와 무게를 증가시켜야 하지만 라켓의 무게(250g-350g)는 한계가 있기 때문에 라켓의 스윙 속도를 증가시켜야 한다. 볼의 회전 속도를 최대로 하기 위해서는 볼과 라켓의 접촉면 각도를 효과적으로 해야 한다. 따라서 라켓의 스윙 속도와 볼의 회전을 동시에 증가시키기 위해서는 준비-테이크 백-임팩트-팔로드로우까지 모든 동작이 몸과 라켓의 회전 운동의 메커니즘을 최대한 이용해야 한다.

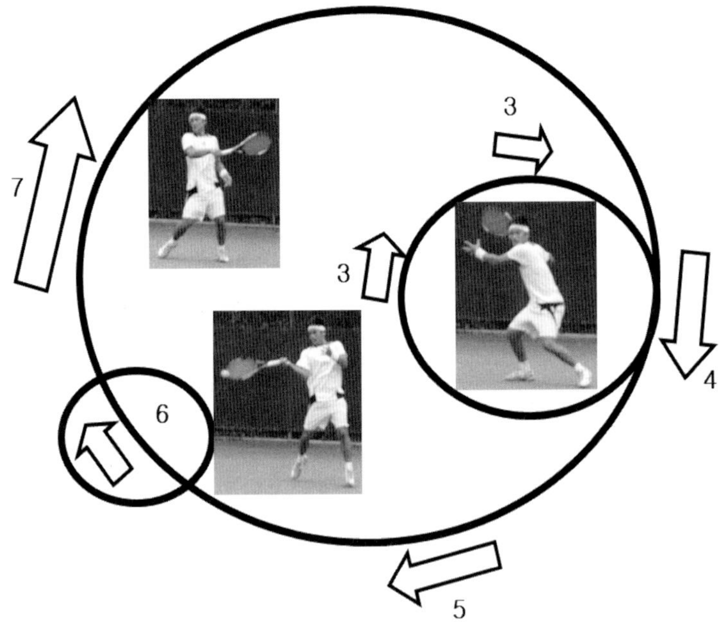

〈포핸드 스트로크 스윙 궤도: 전방〉

포핸드 스트로크의 스윙 궤도를 전방에서 본다면, 1번-3번은 그립에서부터 어깨까지 테이크백을 나타낸 그림이고 4-5번은 라켓이 아래로 떨어지면서 볼의 아랫방향으로 파고 들어가는 그림이다. 6번은 볼과 라켓의 임팩트를 아래에서부터 위로 쳐서 올리는 그림이고 7번은 팔로드로우를 나타낸 것이다.

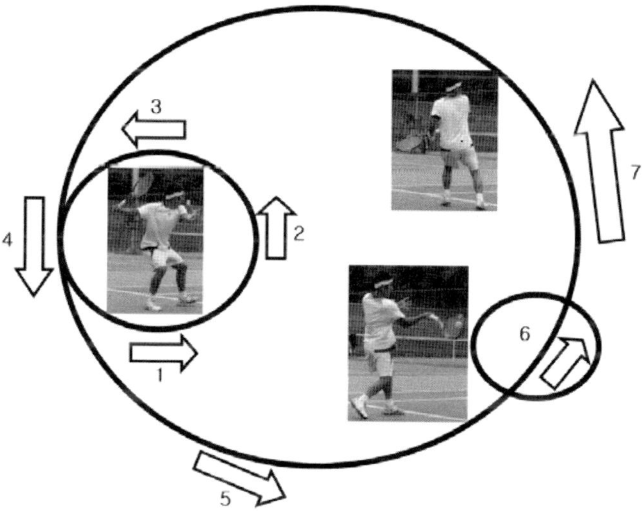

〈포핸드 스트로크 스윙 궤도: 후방〉

포핸드 스트로크의 스윙 궤도를 후방에서 본다면, 1번-3번은 그립에서부터 어깨까지 테이크백을 나타낸 그림이고 4-5번은 라켓이 아래로 떨어지면서 볼의 아랫방향으로 파고 들어가는 그림이다. 6번은 볼과 라켓의 임팩트를 아래에서부터 위로 쳐서 올리는 그림이고 7번은 팔로드로우를 나타낸 것이다. 정리하면 볼이 빠르고 회전이 많은 볼을 만들기 위해서는 테이크백-임팩트-팔로드로우로 이어지는 메커니즘의 속도가 빨라야 한다. 테이크백으로 시작되는 작은 회전이 점점 커져서 몸 전체의 회전으로 이어진다. 이 때 주의해야 할 점은 속도를 의식해서 어깨에 무리한 힘이 전달되면 오히려 회전 운동의 메커니즘을 방해해서 빠르고 회전이 많은 볼을 만들지 못한다는 점이다. 따라서 어깨에 힘을 주지 않기 위해서는 엄지손가락과 검지손가락을 이용하여 방아쇠를 당기는 것처럼 손 모양을 유지하면서 그립을 견고하게 잡아야 한다. 또한 몸 전체의 회전을 효과적으로 이용하기 위해서는 백스윙을 할 때 몸을 코일처럼 만들고 반작용에 의해서 회전력을 증가시켜야 한다.

〈스퀘어 스탠스와 몸통의 회전〉

선수들이 테이크백을 할 때 스텝을 자세히 관찰해보면, 클로즈 스탠스(close stance)나 스퀘어 스탠스(square stance)보다 오픈 스탠스(open stance)를 선호하는데, 오픈스탠스는 몸을 코일처럼 만들어서 몸의 회전력을 최대로 만들기 위한 것이다. 초보자일 경우 처음부터 오픈 스탠스를 만들기 어렵기 때문에 처음에는 스퀘어 스탠스를 만들어서 자연스럽게 몸이 회전할 수 있도록 한 다음에 오픈 스탠스를 연습한다. 이 때 무엇보다도 중요한 점은 팔을 뻗어서 날아오는 볼-검지손가락-어깨-목-어깨가 일직선이 되도록 연습해야 한다.

〈인체지레를 이용하여 볼 만들기: Tennis One(출처)〉

(6) 인체 지레(body leverage)

신체는 여러 관절(joint)들이 상호 협력하여 운동을 한다. 테니스에서 강력한 스트로크나 서브를 구사하기 위해서는 신체를 구성하고 있는 관절들을 효과적으로 이용해야 한다. 초보자들은 상급자들보다 신체 관절들을 효과적으로 이용하는데 많은 어려움이 있다. 이러한 이유는 신체를 이루는 관절들이 인체 지레의 작용점 역할을 하지 못해서 자연스럽고 효과적인 스윙의 메커니즘을 만들지 못하기 때문이다. 예를 들어, 테니스볼이 높게 바운드 되었을 때 관절의 움직임을 살펴보면, 엄지발가락에서 시작된 힘이 발목 관절과 대퇴부를 지나서 골반에 전달되고, 손목에서 시작된 힘이 팔꿈치를 지나서 어깨에 전달이 되는데 각 관절들은 인체 지레의 작용점 역할을 하게 된다. 이러한 힘들은 작은 관절부터 시작하여 큰 관절로 이어지면서 볼을 향해서 전속력으로 달려가서 스피드와 회전이 많은 볼을 가능하게 한다.

2. 스트로크 할 때 고려 사항

테니스 초보자들은 스트로크를 할 때는 볼의 안정성, 볼의 방향, 볼의 깊이, 볼의 속도와 회전을 고려해야 한다.

1) 볼의 안정성

초보자들이 무엇보다도 강조해야 할 부분은 볼의 안정성이다. 안정성이 향상되면 자신감이 생기고 볼의 방향이나 깊이, 회전이나 파워를 향상시킬 수 있다. 볼의 안정성을 향상시키기 위해서는 서비스 라인에서의 1:1 랠리 연습을 하는 것이 좋다.

2) 볼의 방향

볼의 방향은 임팩트 지점에 따라서 달라진다. 임팩트 지점을 앞에서 잡을수록 볼이 안쪽으로 당겨진다.

3) 볼의 깊이

볼의 깊이는 타구의 길이라고 할 수 있다. 스트로크는 상황에 따라서 짧게도 쳐야하고 길게도 쳐야 한다.

4) 볼의 속도와 회전

볼의 속도와 회전은 가장 중요라고 할 수 있지만 시간과 노력이 필요하기 때문에 초보자에게는 그렇게 중요하지 않다.

〈스트로크를 할 때 고려사항〉

3. 평가

1) 다음에 해당되는 단어를 우리말로 뜻과 함께 써보자.

❶ Ballistic Backhand (   )
❷ Hitting Point (   )
❸ Magnus Effect (   )
❹ Wiper Swing (   )

2) 테니스에서 '어떤 볼'이 효과적인가?

3) 테니스에서 그립과 임팩트의 위치에 대해서 설명하시오.

4) 포핸드 스트로크를 할 때, 신체의 메커니즘을 이용하여 회전 운동을 설명하시오.

5) 스트로크 할 때, 고려사항을 그 중요성에 비추어 4가지만 열거하고 그 이유를 설명해보자.

제 4 장

포핸드 스트로크 (Forehand Stroke)

스트로크의 원리는 포핸드 스트로크를 배우는데 도움이 된다. 이번 장에서는 스트로크의 원리를 이용하여 속도가 있고 회전이 많은 볼을 어떻게 만들어야 하는 지에 대해서 설명한다. 포핸드 스트로크는 전체 비율의 70% 이상을 차지하기 때문에 가장 기본이 되는 스트로크라고 할 수 있다. 포핸드 스트로크를 잘 배우게 되면 한손 백핸드 스트로크와 양손 백핸드 스트로크를 배우는 데도 자신감이 생긴다.

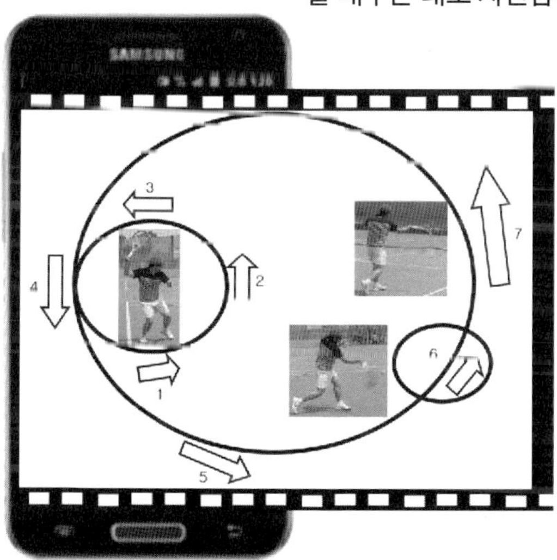

1. 포핸드 스트로크의 원리

포핸드 스트로크는 속도가 빠르고 회전이 많은 볼을 만드는 하나의 공장과 같다. 따라서 포핸드 스트로크는 다음 세 개의 원으로 보이는 공정으로 구분할 수 있다. 가장 큰 원은 포핸드 스트로크의 스윙 궤도이다. 1-2-3-4 구간은 테이크백을 했을 때 일어나는 라켓의 스윙궤도를 나타낸 것이다. 5 구간은 라켓이 볼 아래로 향하는 순간이고 6 구간은 임팩트 구간이며 7 구간은 임팩트 후 팔로드로우 구간이다. 전체적인 스윙 궤도 안에 있는 세 개의 원은 있는데 효과적인 메커니즘으로 볼에 보다 많은 스피드와 회전을 전달할 것이다.

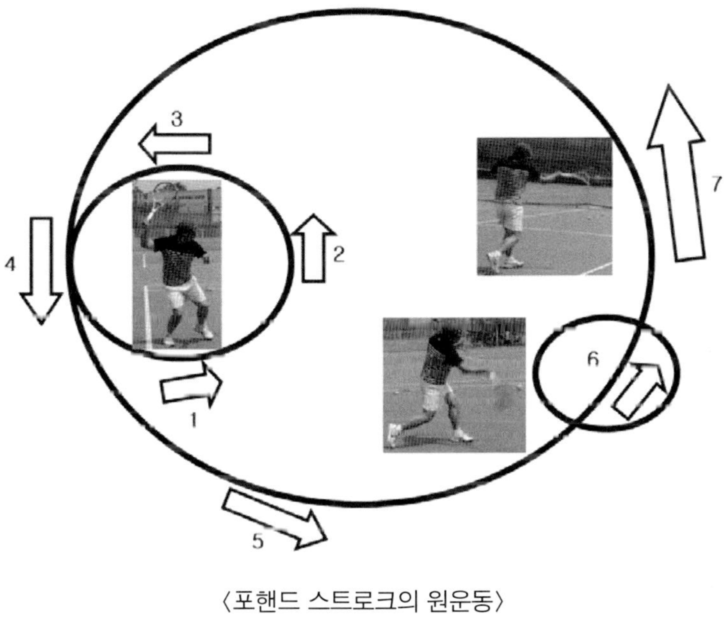

〈포핸드 스트로크의 원운동〉

2. 포핸드 스트로크를 하는 방법

포핸드 스트로크의 준비, 테이크백, 푸트워크, 스탠스, 스윙, 임팩트, 팔로드로우에 대한 설명이나 그림은 다른 테니스 책이나 인터넷에서 쉽게 찾을 수 있기 때문에 이 책과 함께 보는 것이 좋다. 초보자들이 포핸드 스트로크를 마스터하기 위해서는 자기의 롤 모델이 될 만한 선수를 찾아서 그 선수의 동작을 따라하는 것이 가장 좋은 방법이다. 예를 들면, '로저 페더러'라는 선수는 이상적인 포핸드와 백핸드 스트로크를 가지고 있어서 동호인들이 가장 선호하는 롤 모델이다.

〈포핸드 스트로크〉

포핸드 스트로크는 경기 중에 가장 많이 사용하는 테니스 기술이기 때문에 경기의 승패에 결정적인 역할을 한다. 특히 초보자에게는 포핸드 스트로크 하나만으로도 연습이나 경기를 하는 데 문제가 없기 때문에 포핸드 스트로크를 잘 배워야 한다.

1) 준비

상대방의 볼에 보다 민첩하게 반응하고 안정된 포핸드 스트로크를 하기 위해서 준비 요령은 다음과 같다. 앞으로 게임을 하게 되면 자연스럽게 몸에 익힐 수도 있기 때문에 부족한 부분은 나중에 좀 더 연습하기로 한다.

〈국가대표 송민규 선수의 준비 자세〉

❶ 시선을 앞으로 하고 등과 허리를 곧게 편다.
❷ 양발을 어깨 넓이로 벌리고 무릎을 구부린다.
❸ 중심을 양발의 엄지발가락으로 이동시킨다.
❹ 자신의 키보다 20-30cm 이상 낮게 유지한다.
❺ 왼손은 라켓의 허리에 놓는다.
❻ 검지손가락으로 라켓의 면을 느낄 수 있도록 한다.
❼ 방아쇠를 당기는 모양, 포핸드 이스턴 또는 웨스턴 그립.
❽ 오른손으로 라켓을 견고하고 가볍게 잡는다.
❾ 라켓을 쥐었을 때 간격은 손가락 하나가 통과할 정도이다.
❿ 준비 자세가 완벽해지면 스플릿 스텝을 연습한다.

2) 테이크백

테이크백은 백스윙이라고도 하는데 활시위를 당기는 것처럼 라켓을 뒤로 가져가는 동작을 말한다. 테이크백의 요령은 다음과 같다.

❶ 테이크백은 활처럼 항상 당겨져 있어야 한다.
❷ 시선은 볼에 고정하고 테이크백은 간단하고 짧게 한다.
❸ 날아오는 볼-검지손가락-어깨-시선-어깨를 나란히 한다.
❹ 그립은 처음부터 이스턴 또는 웨스턴 그립을 유지한다.
❺ 손목은 항상 코킹(Cocking)이 되어 젖혀져 있어야 한다.
❻ 테이크백을 할 때 라켓의 궤도는 원형이 되도록 한다.

〈테이크백의 옆모습 연속 동작〉

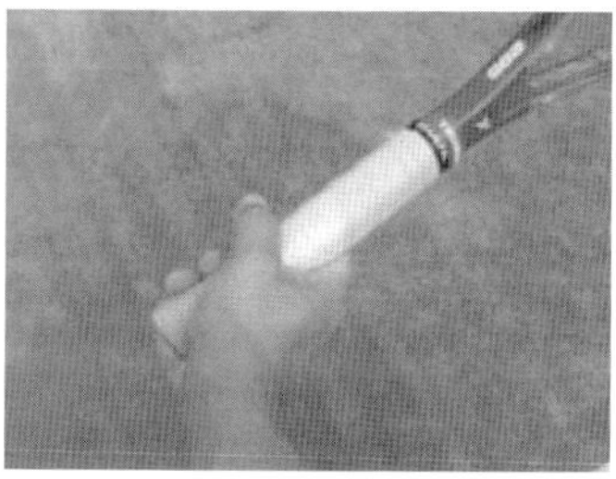

※코킹(cocking)은 손목이 뒤로 최대한 젖혀져서 라켓과 팔의 각도가 직각에 가깝도록 유지한다. 코킹은 골프의 스윙에서도 중요한 역할을 한다.

3) 푸트워크

볼에 접근하기 위한 발의 움직임을 푸트워크 또는 스텝이라고 하다. 의외로 많은 초보자들이 대부분 스윙에만 신경을 많이 쓰고 푸트워크나 스텝 연습은 하지 않는다. 아무리 좋은 스윙이라도 푸트워크나 스텝이 불완전하면 좋은 스윙을 할 수 없다. 상급자가 되기 위해서는 수면 아래에서 발을 부지런히 움직이는 백조와 같이 푸트워크나 스텝이 자연스럽고 민첩해야 한다.

〈자연스럽고 가벼운 푸트워크〉

특히, 초보자들은 푸트워크나 스텝이 어색하기 때문에 많은 연습이 필요하다. 이때 주의해야 할 점은 첫째, 예측을 정확하게 하여 볼의 방향이 정해지면 바로 짧은 순간에 테이크백을 하고 볼의 방향으로 이동한다. 둘째, 스윙 공간을 확보하기 위해서 볼을 향하여 돌진하지 말고 볼과 자신과의 거리를 일정하게 유지해야 한다. 셋째, 날아오는 볼-손-어깨-라켓을 평행하게 맞추기 위해서 볼의 진행 방향으로 우회하여 접근한다. 넷째, 볼을 포핸드 또는 백핸드로 스트로크 한 후에는 베이스 라인의 중앙 부분으로 빨리 복원한다. 다섯째, 볼에 보다 빨리 접근하기 위해서 스플릿 스텝을 연습한다.

4) 스탠스

스트로크를 할 때 보폭의 크기를 나타내는 스탠스는 스퀘어 스탠스(square stance), 오픈 스탠스(open stance), 클로즈 스탠스(close stance)로 구분한다. 역학적으로 볼에 보다 많은 파워를 주기 위해서는 오픈 스탠스(open stance)가 스퀘어 스탠스나 클로즈 스탠스보다 적당하다. 불과 몇 년 전만해도 대부분 왼발을 앞으로 하는 스퀘어 스탠스를 오픈 스탠스보다 신호 했었고, 초보자일수록 스퀘어 스탠스를 강조하였다. 하지만 스퀘어 스탠스는 몸통의 회전을 방해하고 회전 반경이 짧기 때문에 현재는 초보자조차도 보다 강한 볼을 만들기 위해서 오픈 스탠스를 배운다. 오픈 스탠스의 요령은 처음에는 두 발을 나란히 하고 손-어깨-라켓을 볼의 방향으로 일치시키며 마지막 발을 내디디면서 스트로크를 한다. 이 때 허리를 펴고 하체를 단단히 고정하여 밸런스가 무너지지 않도록 주의를 기울인다.

〈오픈 스탠스〉

〈스퀘어 스탠스〉

5) 임팩트

볼과 라켓이 맞는 순간을 '임팩트'라고 한다. 임팩트 지점은 스위트 스팟(sweet spot)이라고 하는 라켓의 중앙 약간 아래 부분에 맞아야 보다 많은 파워를 낼 수 있다. 임팩트는 손이나 어깨의 힘보다는 스윙 속도라는 점을 이해하고 스윙 스피드를 높이는 노력을 해야 한다. 특히, 그림에서 보는 것처럼 임팩트 이전에 라켓이 볼보다 아래부터 출발하여 임팩트가 이루어져야 볼에 많은 회전이 생긴다. 라켓 헤드의 위(top) 부분이 선행하고 라켓 헤드의 아래(bottom) 부분이 따라 오게 해야 한다.

〈포핸드 스트로크의 임팩트 바로 전〉

시선은 되도록 임팩트 지점을 보도록 노력하자. 아래 그림은 국가대표 송민규의 포핸드 스트로크이다. 처음에 오픈 스탠스에서 출발하여 왼발이 약간 나온 상태에서 강력한 임팩트가 이루어졌다. 또한 와이퍼 스윙으로 강력한 회전을 걸기 위해서 테이크백 이후 라켓이 볼보다 훨씬 아래에서 출발하여 임팩트가 이루어 질 것이다. 엄지손가락과 검지손가락이 견고하게 라켓을 쥐고 있고 손목의 모양은 백스윙 모양 그대로 코킹이 되어 있다. 이때 볼은 항상 정점에서 임팩트가 이루어지게 한다.

〈포핸드 스트로크의 임팩트〉

6) 팔로드로우

임팩트 후에 볼이 떠난 지점으로 라켓을 끝까지 던져주는 것을 '팔로드로우'라고 한다. 전체적으로 보면, 임팩트 후에 팔로드로우가 시작되는데 라켓 헤드의 위(top) 부분이 선행하고 라켓 헤드의 아래(bottom) 부분이 따라 오게 되어 멀리서 보면 볼을 덮은 것 같이 보인다. 아래 그림은 오픈 스탠스에서 임팩트가 이루어지고 난 후의 팔로드로우 그림이다. 팔로드로우 시에는 머리가 바로 볼의 방향으로 향하지 않고 스윙을 위한 어깨의 회전으로 인하여 자연스럽게 머리가 일어나도록 해야 한다.

〈임팩트 이후 라켓의 팔로드로우〉

팔로드로우가 종료 되었을 때에는 라켓의 그립 앤드(Grip end)가 상대방을 가리켜야 보다 효과적인 스윙을 할 수 있다. 처음에는 임팩트 방향으로 시선이 고정되어 있고 임팩트 후에는 라켓의 회전에 의해서 어깨가 회전하므로 자연스럽게 고개가 볼을 향하게 된다. 일반적으로 팔로드로우가 끝나는 점은 어깨와 목 부분이고 손등 부분이 앞면을 향하게 한다.

〈임팩드 이후 필로드로우의 길이와 볼의 길이〉

오픈 스탠스와 스퀘어 스탠스에 따라서 팔로드로우 형태가 다르다. 팔로드로우가 짧으면 볼이 짧아지고 팔로드로우가 길면 볼이 길어진다

3. 포핸드 스트로크 연습

포핸드 스트로크 연습 방법은 초보자는 처음에는 최대한 쉽게 볼을 맞추는 연습을 해야 한다. 여학생의 경우에는 볼을 맞추는 것이 쉽지 않기 때문에 자신감을 잃을 수도 있다. 볼을 잘 맞추게 되면, 목표 지점을 두고 짧게 볼을 보내는 연습을 한다. 짧게 볼을 보낼 수 있으면, 이제 거리를 길게 하고 네트 위로 볼을 보낸다. 네트 위로 볼을 보낼 때 처음에는 네트 2m 앞에서 볼을 보내고, 다음은 서비스 라인에서, 마지막으로 베이스 라인에서 볼을 보낸다. 이때 주의할 점은 자신감을 잃지 않도록 하고 목표 지점을 정해 준다.

1) 볼 내려주고 포핸드 스트로크

2인 1조가 되어 한 사람은 볼을 준비하고 파트너는 라켓을 들고 포핸드 탑스핀 자세를 취한다. 볼을 아래로 내려줄 때는 파트너가 쉽게 볼을 스트로크 할 수 있도록 구령과 함께 타이밍을 맞추도록 한다. 타이밍이 맞지 않을 때는 "하나 둘 셋" 이라는 구령을 사용한다. 6개 정도의 볼을 보낸 후에 서로 교대한다. 볼을 던져주는 사람은 볼에 맞지 않도록 옆에서 던지고 파트너는 항상 목표 지점으로 볼을 보내도록 노력한다. 이때, 스트로크 한 볼의 회전이 어느 정도인지 체크해 본다. 처음에는 네트 앞에서 스트로크 하고 다음에는 서비스 라인에서 스트로크 한다. 맨 마지막에는 베이스 라인에서 스트로크 한다.

2) 짧게 포핸드 스트로크 연습

포핸드 스트로크를 연습하기 위해서 효과적인 방법은 서비스 지역에서 2명이 1조가 되어 연습하는 방법이다. 백스윙을 빨리 하고 볼을 최대한 앞쪽에서 임팩트가 되도록 한다. 볼이 바운드가 되기 전에 백스윙이 완료 되어야 한다. 볼을 정점에서 임팩트 할 수 있도록 스윙을 일찍 시작한다. 초보자일수록 랠리(rally)를 5회 이상 하기 어렵기 때문에 많은 연습이 필요하다. 랠리를 할 때 하나, 둘, 셋 하면서 볼에 번호를 붙이면 집중력이 향상되고 오래 랠리를 할 수 있다.

〈2인 1조 포핸드 스트로크 랠리 연습〉

4. 평가

1) 다음 그림에서 그립과 타점의 문제점을 쓰시오.

2) 벽을 이용하여 포핸드 스트로크를 10회만 연습해보자.

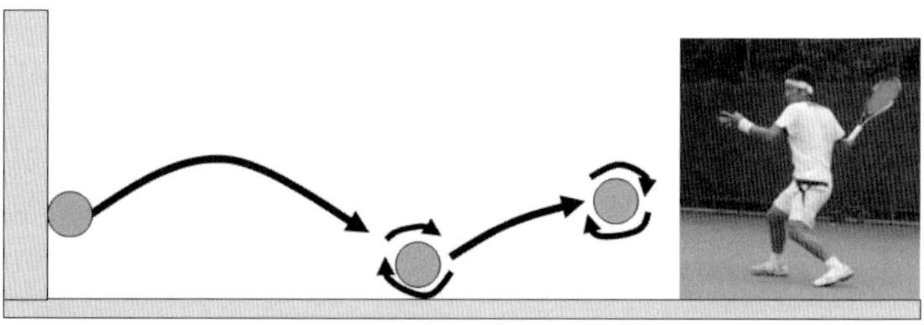

① 벽을 이용한 스트로크가 어려운 점은 무엇인가?

② 10회 이상 연속적으로 스트로크를 하기 위해서 필요한 것은 무엇인가?

3) 자신의 포핸드 스트로크에서 볼의 방향과 회전은?

① 볼이 12시-6시 방향으로 탑스핀(top-spin)이 걸린다.
② 볼이 3시-9시 방향으로 탑스핀이 걸린다.
③ 볼이 3시-6시 방향으로 언더스핀(under-spin)이 걸린다.

4) 아래 그림은 포핸드 스트로크 동작이다. 포핸드 스트로크 동작을 보고 스트로크의 문제점을 생각해보자. 예를 들면 그립의 위치와 방법, 그립을 쥐었을 때 손 모양, 코킹, 라켓 면, 스탠스, 스윙 궤도 등을 면밀히 관찰하고 의견을 세시해보자.

5) 자신의 포핸드 스트로크 동작을 스마트폰이나 디지털카메라로 촬영해보고 분석한 다음에 리포트로 제출한다. 리포트 제출 요령과 항목별로 분석할 내용을 다음과 같다.

※ 항목별로 분석할 내용

① 그립은 이스턴 그립이나 세미 웨스턴 그립을 취하는가?

② 테이크 백 동작을 할 때에 손목에 코킹이 만들어 지는가?

③ 테이크 백을 할 때 볼과 양 어깨는 나란한가?

④ 팔로드로우를 할 때에 그립 앤드가 상대방을 향하는가?

※ 리포트 제출 요령

❶ 리포트 제출 요령을 준수한다.

❷ 리포트는 확장자가 hwp인 한글로 작성하시오.

❸ 분량은 2쪽 이상

❹ 글자크기 10, 줄 간격 160-180

❺ 좌우 여백 20, 위쪽 20, 아래쪽 여백 15

❻ 머리말 15, 꼬리말 15

❼ 용지방향 좁게

❽ 파일 이름 : 학번_이름, 예. 20120050_홍길동.hwp

❾ 리포트 제출 마감일을 꼭 지키시오.

제 5 장

한손 백핸드 스트로크 (One-hand Backhand Stroke)

포핸드 스트로크의 원리를 잘 배웠다면 한손 백핸드 스트로크가 그렇게 어렵지 않다. 한손 백핸드 스트로크는 한손 포핸드 스트로크와 몸통의 반대 회전으로 팔의 바깥 방향으로 볼을 보내는 것이다. 한손 백핸드 스트로크는 몸을 안쪽(in)에서 바깥쪽(out)으로 뿌려내는 동작이기 때문에 포핸드 스트로크와 많은 부분에서 차이가 있고 볼에 회전을 주고 파워를 내기가 포핸드보다 어렵다.

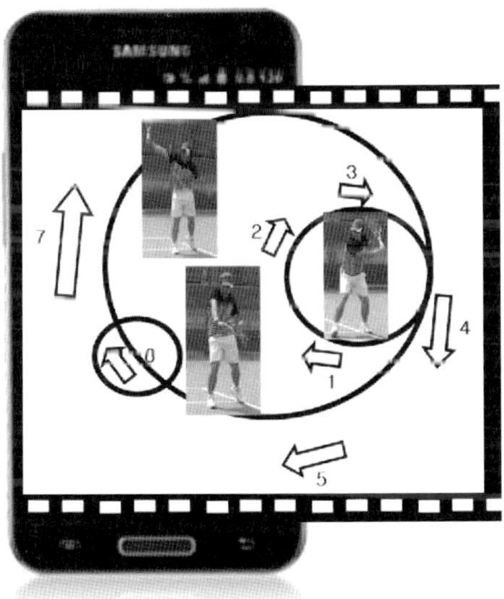

1. 한손 백핸드 스트로크의 원리

한손 백핸드 스트로크는 포핸드 스트로크의 원리와 같지만 그립과 빠른 타점, 신체의 회전 등은 초보자가 백핸드 스트로크를 배우기 어렵게 만든다. 백핸드 스트로크의 1-2-3-4 구간은 테이크백을 했을 때 일어나는 라켓의 스윙궤도를 나타낸 것이다. 5 구간은 라켓이 볼 아래로 향하는 순간이고 6 구간은 임팩트 구간이며 7 구간은 임팩트 후 팔로드로우 구간이다.

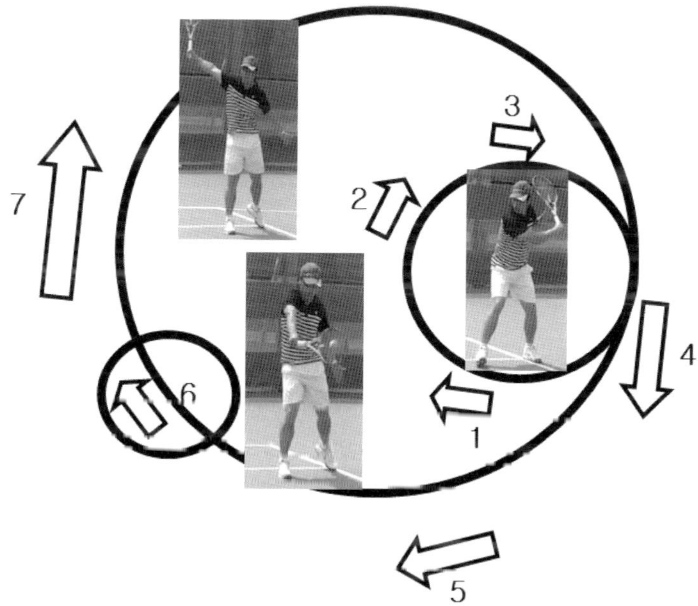

〈한손 백핸드 스트로크의 원운동〉

2. 한손 백핸드 스트로크를 하는 방법

1) 준비

한손 백핸드 스트로크의 준비 자세는 포핸드 스트로크 자세와 큰 차이가 없다. 일반적으로 포핸드 스트로크를 많이 사용하기 때문에 포핸드 이스턴 또는 세미 웨스턴 그립에서 한손 백핸드 스트로크를 위한 그립으로 신속하게 바꿔야 한다. 아래 그림은 포핸드 스트로크 그립에서 백핸드 스트로크 그립으로 바뀐 모습이다. 백핸드 스트로크는 포핸드 스트로크와 그립과 타점의 위치, 신체의 메커니즘이 다르다는 점을 기억하자.

〈국가대표 송민규 선수의 준비 자세〉

❶ 시선을 앞으로 하고 등과 허리를 곧게 편다.
❷ 양발을 어깨 넓이로 벌리고 무릎을 구부린다.
❸ 중심을 양발의 엄지발가락으로 이동시킨다.
❹ 자신의 키보다 20-30cm 이상 낮게 유지한다.
❺ 왼손은 라켓의 허리에 놓는다.
❻ 검지손가락으로 라켓의 면을 느낄 수 있도록 한다.
❼ 방아쇠를 당기는 모양, 백핸드 이스턴 또는 웨스턴 그립.
❽ 오른손으로 라켓을 견고하고 가볍게 잡는다.
❾ 라켓을 쥐었을 때 간격은 손가락 하나가 통과할 정도이다.
❿ 준비 자세가 완벽해지면 스플릿 스텝을 연습한다.

2) 테이크백

한손 백핸드 스트로크의 백스윙은 포핸드 스트로크의 백스윙과 같이 활시위를 당기는 것처럼 라켓을 뒤로 신속하게 가져가는 동작이다. 좋은 백스윙은 코일과 같이 몸통을 비틀어서 볼과 어깨가 일직선이 되게 하는 것이다. 테이크 백을 잘하기 위해서는 어깨는 볼의 방향과 일치시키는 것이 중요하다. 그림과 같이 왼손은 라켓의 허리를 지지해주고 있고 오른손은 이스턴 백핸드 그립으로 코킹(Cocking)이 되어야 한다.

❶ 테이크백은 목숨을 건 총잡이처럼 빨라야 한다.
❷ 날아오는 볼 검지손가락-어깨-시선-어깨를 나란히 한다.
❸ 그립은 처음부터 이스턴 또는 웨스턴 그립을 유지한다.
❹ 손목은 항상 코킹이 되어 젖혀져 있어야 한다.

〈회전력을 얻기 위해서 몸을 비튼다〉

3) 푸트워크

푸트워크나 스텝에 대한 기본적인 설명은 앞 장의 포핸드 스트로크에서 부분에서 언급하였기 때문에 자세한 설명은 4장을 참조하기 바란다. 다음은 푸트워크를 할 때 주의해야 할 점들을 체크리스트로 제시한다.

❶ 테이크백을 빨리하고 볼의 방향으로 이동한다.
❷ 스윙 공간을 확보하여 볼에 우회하여 접근한다.
❸ 최종 날아오는 볼-손-어깨-라켓을 평행하도록 맞춘다.
❹ 스트로크를 한 후에는 중앙으로 복원한다.
❺ 스플릿 스텝을 푸트워크에 포함한다.

〈볼에 시선을 고정하고 푸트워크 한다〉

4) 스탠스

포핸드 스트로크 설명에서 볼에 보다 파워를 주기 위해서는 스퀘어 스탠스보다 오픈 스탠스가 적당하다고 하였다. 그 이유는 몸통의 회전이 쉽고 회전 반경이 크기 때문이다. 하지만 오픈 스탠스에서 배핸드 스트로크는 초보자와 여성에게는 상당히 어려운 요구일 수 있다. 백핸드 스트로크에서 스퀘어 스탠스의 요령은 아래 그림처럼 테이크백 후 볼이 바운드 될 때, 한 발을 앞으로 내밀면서 체중을 오른발로 이동한다. 오픈 스탠스의 요령은 테이크백 후 볼이 바운드 될 때, 한 발을 앞으로 내밀지 않고 두 발을 나란히 유지하면서 스윙한다.

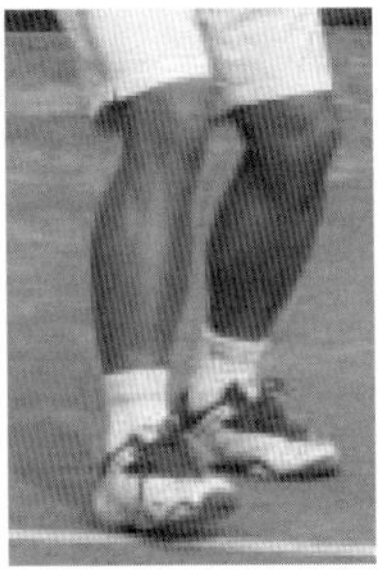

〈스퀘어 스탠스〉

〈오픈 스탠스〉

대부분 백핸드 스트로크는 결정구라기 보다는 연결구로서 역할을 많이 하기 때문에 정확성에 중점을 둔다. 따라서 연결구는 점수를 얻기 위한 킬러 포핸드가 아니라 실점의 위기를 최소화하고 컨트롤과 코스의 선택에 중점을 둔다.

5) 임팩트

이론적인 면에서 임팩트의 메커니즘은 포핸드 스트로크와 백핸드 스트로크 간에는 큰 차이가 없다. 예를 들면, 포핸드와 백핸드 스트로크를 할 때 스위트 스팟에 임팩트가 이루어져야 한다는 점이나 볼에 보다 많은 힘을 전달하기 위해서 스윙의 속도가 최대가 되도록 해야 한다는 것이 공통점이다. 또한 볼에 많은 회전이 걸리도록 임팩트 직전에 라켓은 항상 볼보다 아래에서 출발하여 라켓의 헤드 부분이 먼저 선행하고 라켓의 아래 부분이 따라 오도록 해야 한다. 와이퍼 스윙은 스윙의 속도와 볼에 회전을 주는데 도움이 된다.

〈한손 백핸드 스트로크의 라켓과 볼의 궤도〉

6) 팔로드로우

백핸드 스트로크의 팔로드로우 또한 임팩트 후에 볼이 떠난 지점으로 라켓을 끝까지 던져준다. 포핸드 스트로크와 다른 점은 몸통 회전을 많이 하지 않고 버틴다는 이미지로 스윙을 해야 한다. 시선을 끝까지 볼을 향하고 스윙이 끝날 무렵에는 '만세' 자세가 되도록 한다. 백핸드 스트로크의 약점은 백(back) 쪽으로 오는 회전이 많은 높은 볼이다. 백핸드 슬라이스로 처리할 수도 있지만, 몸을 낮게 하고 라켓을 충분히 떨어뜨리고 좀 더 앞에서 임팩트를 형성하면 높은 볼도 충분히 처리할 수 있다.

〈백핸드 스트로크의 피니시 동작〉

3. 평가

1) 다음에 해당되는 단어를 우리말로 뜻과 함께 써보자.

❶ One-hand backhand stroke (   )
❷ Impact (   )
❸ Cocking (   )
❹ Recovery (   )
❺ Winning Shot (   )
❻ Take back (   )

2)아래 그림에서 가장 큰 문제점은 무엇인지 토론해보자.

3) 다음 그림은 테니스 수업을 시작한 지 3주차가 되었을 때 찍은 사진이다. 그림을 보고 각 항목에 대해서 설명해보자.

① 어떤 그립인가?

② 어떤 스탠스인가?

③ 백스윙은 좋은가?

④ 좋은 점은 무엇인가?

4) 다음 그림을 보고 아래 물음에 답하시오.

① 그림에서 좋은 점은 무엇인지 2가지 이상 적어보자.

② 앞으로 연습해야 하는 부분은 무엇인가?

5) 자신의 한손 백핸드 스트로크 동작에서 볼의 회전량과 방향은 어떻게 이루어지는가?

① 볼이 12시-6시 방향으로 탑스핀(top-spin)이 걸린다.
② 볼이 3시-9시 방향으로 스핀이 걸린다.
③ 볼이 3시-6시 방향으로 언더스핀(under-spin)이 걸린다.

6) 자신의 한손 백핸드 스트로크 동작을 분석하시오.

※ 주안점
① 그립은 어떤 그립을 취하는가?
② 테이크 백 동작을 할 때에 손목에 코킹이 만들어 지는가?
③ 테이크 백 시에 볼과 양 어깨는 나란한가?
④ 팔로드로우 시에 그립 앤드가 상대방을 향하는가?

※ 동작 분석 요령
❶ 스마트 폰이나 디지털 카메라들 동작을 촬영한다.
❷ 동영상 편집기로 테니스 동작을 편집한다.
❸ 테니스 동작을 캡처하여 그림 파일로 저장한다.
❹ 한글을 열어서 동영상을 불러와서 붙이기 한다.
❺ 자기의 테니스 동작을 순서대로 구분한다.
❻ 순서는 그립-준비-테이크백-임팩트-팔로드로우이다.
❼ 순서대로 자기의 동작에 대한 장단점을 서술한다.
❽ 학번_이름_.hwp 로 저장하여 사이버 강의실에 저장한다.

제 6 장

양손 백핸드 스트로크

(Two-hand Backhand Stroke)

양손 백핸드 스트로크는 한손이 아니라 양손을 사용하여 볼에 회전과 파워를 전달하는 것이다. 최근 들어 국내외 선수들의 80%가 양손 백핸드 스트로크를 주로 사용하고 있다. 이번 장에서는 스트로크의 원리를 이용하여 멋진 양손 백핸드 스트로크를 완성해 보자.

1. 양손 백핸드 스트로크의 원리

1) 전체적인 스윙 궤도

양손 백핸드 스트로크 기술은 세 개의 원으로 도식화 할 수 있는데 테이크백-임팩트-팔로드로우다. 이론적으로는 왼손으로 하는 포핸드 스트로크의 연장이라고 생각할 수 있다. 양손을 사용하기 때문에 양손 백핸드 스트로크의 궤도는 한손 백핸드 스트로크 궤도보다 작고 반대로 큰 힘을 낼 수가 있다.

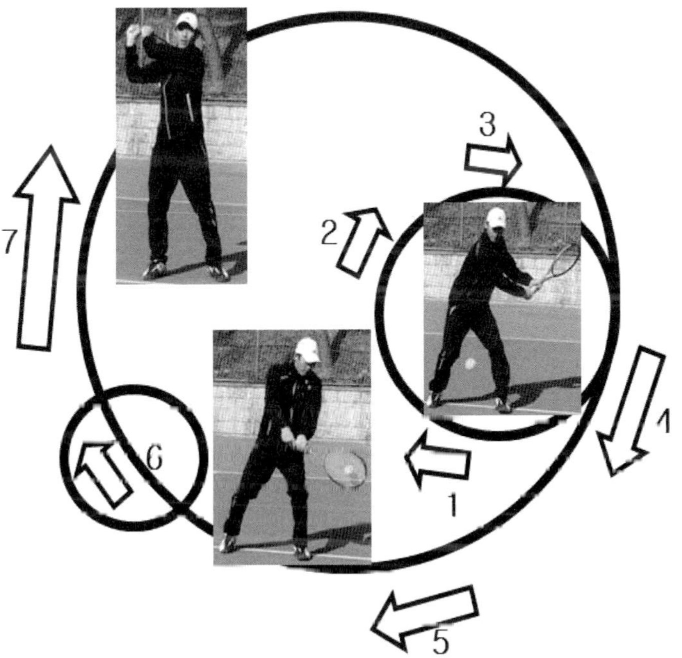

〈양손 백핸드 스트로크의 원운동〉

2. 양손 백핸드 스트로크를 하는 방법

1) 그립

초보자의 경우, 양손 백핸드 스트로크의 그립은 아래 그림과 같이, 왼손은 이스턴 그립이고 오른손은 콘티넨탈 그립을 추천한다. 볼에 대해서 보다 익숙해지고 힘을 실을 수 있다면 왼손과 오른손을 보다 웨스턴 그립에 가깝게 하고 준비한다. 양손 백핸드 스트로크를 선택하면 포핸드와 백핸드 스트로크를 위해서 그립을 바꿀 필요가 없다.

〈양손 백핸드 스트로크 그립〉

왼손으로 이스턴 그립이나 세미웨스턴, 또는 웨스턴 그립으로 라켓의 윗부분을 잡는다. 다음에 오른손으로 콘티넨탈 그립이나 세미웨스턴 또는 웨스턴 그립을 잡고 왼손이 오른손보다 주도적으로 스윙을 유도하게 한다.

2) 준비

양손 백핸드 스트로크는 포핸드 스트로크처럼 허리를 곧게 펴고 무릎을 구부려서 자신의 키보다 20-30cm 이상 낮게 위치한다. 그립을 바꿀 필요가 없기 때문에 한손 백핸드 스트로크보다 편리한 점도 있다.

〈양손 백핸드 스트로크 준비 자세〉

3) 테이크백

백스윙은 양손으로 라켓을 뒤로 가져가는 동작이고 최대한 빠른 동작이 요구된다. 백스윙은 몸통을 회전하여 양어깨를 볼과 나란히 하고 라켓의 헤드가 땅을 향하지 않노록 한다.

4) 임팩트

임팩트는 볼과 라켓이 맞는 순간을 말하는데, 라켓의 스위트 스팟에 볼이 맞으면 부드럽게 보다 많은 파워를 낼 수 있다. 임팩트 시에 보다 많은 파워는 인위적인 힘보다 스윙 속도이기 때문에 스윙 스피드를 높여야 한다. 어깨에 힘을 빼고 스윙 스피드가 최대가 되도록 스윙 해보자.

〈양손 백핸드 스트로크 임팩트〉

5) 팔로드로우

좋은 볼을 만들기 위해서는 임팩트 후에 목적한 방향으로 라켓을 끝까지 던져줘야 한다. 팔로스로우 시에 주의해야 할 점은 그립 앤드(Grip end)가 상대방을 가리키게 하여 보다 효과적인 스윙이 되도록 한다.

〈양손 백핸드 스트로크 팔로드로우〉

3. 양손 백핸드 스트로크 연습

양손 백핸드 스트로크를 잘하기 위해서는 많은 연습이 필요하다. 같이 연습할 사람이 없다면 우선 양손 백핸드 스트로크를 연습할 수 있는 벽과 친해져야 한다. 또, 같이 연습할 사람이 있다면 처음에는 짧게 시작해서 점점 길게 볼을 보내는 연습을 해보자.

1) 벽을 이용한 양손 백핸드 스트로크 연습

벽을 이용하면 양손 백핸드 스트로크를 효과적으로 연습할 수 있다. 처음에는 벽과 가까운 곳에서 벽에 한번 씩만 쳐보고 거리를 늘려본다. 다음에는 연속해서 쳐보고 익숙해지면 벽과 조금 멀리 떨어진 곳에서 랠리를 시도해본다. 랠리의 길이가 일정해지고 연속으로 랠리를 할 수 있으면 한 번은 양손으로 쳐보고 또 한 번은 왼손으로 쳐본다.

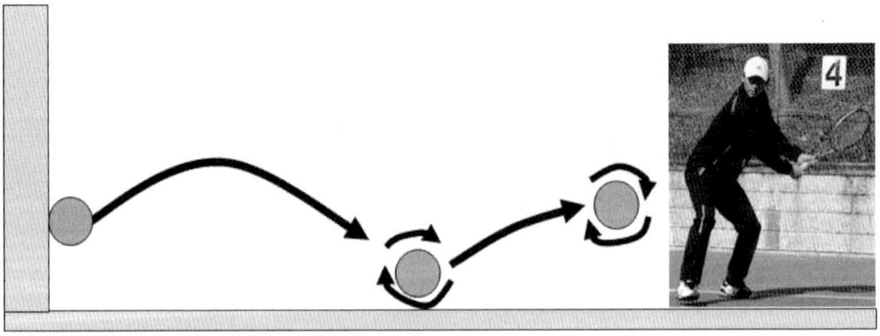

〈벽을 이용한 양손 백핸드 스트로크 연습〉

2) 앨리 지역에서 양손 백핸드 스트로크 연습

앨리(alley) 지역은 테니스 코트의 단식과 복식 라인 사이의 지역을 말한다. 앨리 지역은 테니스 코트를 구분한다면 가장 좁은 공간이다. 그림과 같이 볼을 여러 개 준비하여 통에 담아서 좁은 앨리지역에서 양손 백핸드 스트로크로 상대편 앨리지역으로 볼을 보내보자. 혼자서 하는 연습이라서 볼에 대한 감각이 향상되고 집중력이 좋아지며 안정성이 향상된다. 처음에는 볼을 짧게 쳐보고 나중에는 볼을 앤드 라인 가까이 보낸다. 볼을 한 손으로 토스할 때는 바로 앞에 토스하지 말고 조금 앞쪽에 토스해서 테이크백 할 시간과 스윙 공간을 만든다. 앨리 지역으로 볼이 정확하게 날아가면 볼에 파워를 실어서 강하게 쳐보고 익숙해지면 크로스로 볼을 보내는 연습을 한다.

〈앨리지역에서 양손 백핸드 스트로크 연습〉

4. 평가

1) 다음은 테니스 수업을 수강하는 학생의 양손 백핸드 스트로크 준비 동작이다. 동작을 보고 각 항목에 대해서 설명해보자.

① 준비 동작 시에는 어떤 그립인가?

② 스탠스의 폭에 대해서 이야기 해보자.

③ 준비 동작 시 손의 위치와 그립에 대해서 이야기 해보자.

2) 양손 백핸드 스트로크를 하는 학생의 그림을 보고 아래 질문에 대해 답해보자.

① 왜 이러한 동작이 나왔는지 이야기 해보자.

② 자세의 장점과 단점에 대해서 이야기 해보자.

③ 남성과 여성에게 적합한 라켓의 무게는 얼마 정도일까?

3) 자신의 양손 백핸드 스트로크 동작에서 볼의 회전량과 방향은 어떠한가?

① 볼이 12시-6시 방향으로 탑스핀(top-spin)이 걸린다.
② 볼이 3시-9시 방향으로 탑스핀이 걸린다.
③ 볼이 3시-6시 방향으로 언더스핀(under-spin)이 걸린다.

4) 자신의 양손 백핸드 스트로크 동작을 분석하시오.

※ 주안점
① 그립은 어떤 그립을 취하는가?
② 테이크 백 동작을 할 때에 손목에 코킹이 만들어 지는가?
③ 테이크 백 시에 볼과 양 어깨는 나란한가?
④ 팔로드로우 시에 그립 앤드가 상대방을 향하는가?

※ 동작 분석 요령
❶ 스마트 폰이나 디지털 카메라들 동작을 촬영한다.
❷ 동영상 편집기로 테니스 동작을 편집한다.
❸ 테니스 동작을 캡처하여 그림 파일로 저장한다.
❹ 한글을 열어서 동영상을 불러와서 붙이기 한다.
❺ 자기의 테니스 동작을 순서대로 구분한다.
❻ 순서는 그립-준비-테이크백-임팩트-팔로드로우이다.
❼ 순서대로 자기의 동작에 대한 장단점을 서술한다.
❽ 학번_이름_.hwp 로 저장하여 사이버 강의실에 저장한다.

제 7 장

백핸드 슬라이스 (Backhand Slice)

테니스의 황제 페더러는 백핸드 방향으로 볼이 높게 바운드 되면 백핸드 스트로크보다 백핸드 슬라이스를 많이 사용한다. 백핸드 슬라이스는 포핸드 탑스핀과 회전이 반대이기 때문에 상대방의 코트에 바운드 될 때, 볼이 높게 바운드 되지 않고 아주 낮게 가라앉게 되어 상대방이 스트로크를 할 때 부담을 갖게 된다. 백핸드 슬라이스는 나중에 배울 발리와도 연관성이 있으며 방어용으로만 사용하는 것이 아니라 네트를 차지하기 위한 어프로치(approach) 샷으로도 사용할 수 있다.

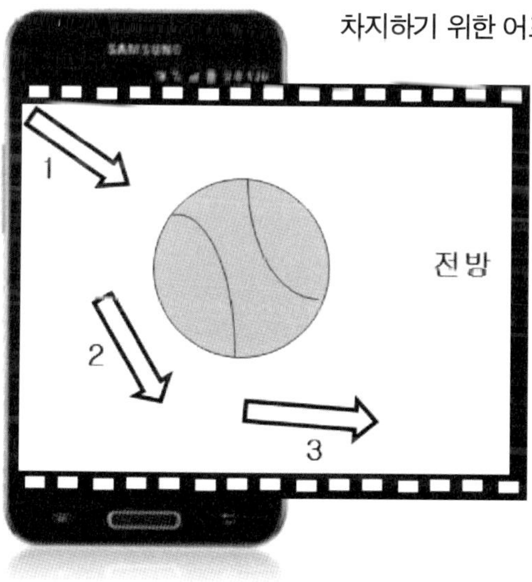

1. 백핸드 슬라이스의 원리

백핸드 슬라이스는 포핸드 스트로크의 원리와 반대의 개념이어서 라켓의 헤드가 위에서 아래로 내려오면서 탑스핀과 정반대로 회전이 걸리게 된다. 라켓의 헤드는 1구간에서 테이크백이 되어 2구간에서 임팩트가 이루어지고 3구간으로 팔로드로우 하게 된다. 라켓과 볼의 접촉면이 너무 얇으면, 볼에 회전만 많고 파워가 없어서 위력이 없는 볼이 되기 때문에 라켓의 면과 볼의 접촉면이 길게 유지해야 한다.

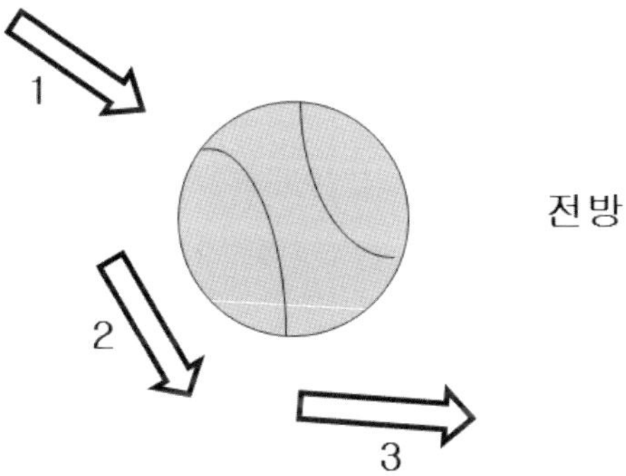

〈백핸드 슬라이스의 라켓 궤도〉

백핸드 슬라이스의 궤도를 만들기 위해서는 콘티넨탈 그립으로 라켓을 위쪽에서 아래로 스윙 한다. 테이크백은 볼과 어깨가 일직선이 되도록 몸통을 코일이 감긴 것처럼 충분히 비틀어 준다. 라켓의 아래 부분이 먼저 선행하고 위 부분이 따라오도록 하면서 임팩트를 한다.

2. 백핸드 슬라이스를 하는 방법

1) 그립

백핸드 슬라이스의 그립은 콘티넨탈 그립으로 엄지와 검지의 V자 홈과 라켓의 세운 방향이 12시 방향으로 일직선이 된다. 백핸드 슬라이스를 하기 위해서는 테이크백을 하면서 포핸드 스트로크 그립에서 콘티넨탈 그립으로 바꾸어 잡아야 한다.

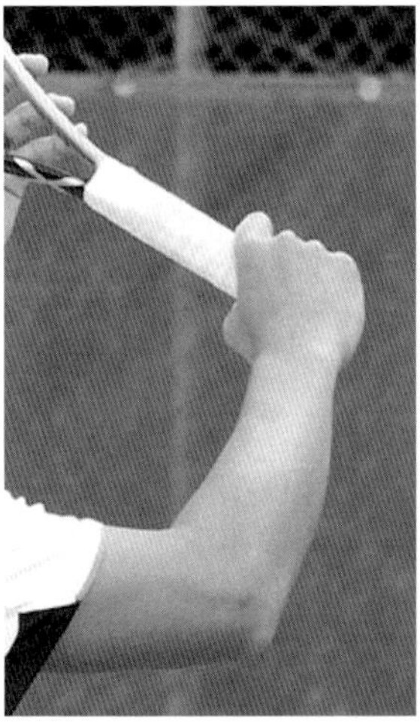

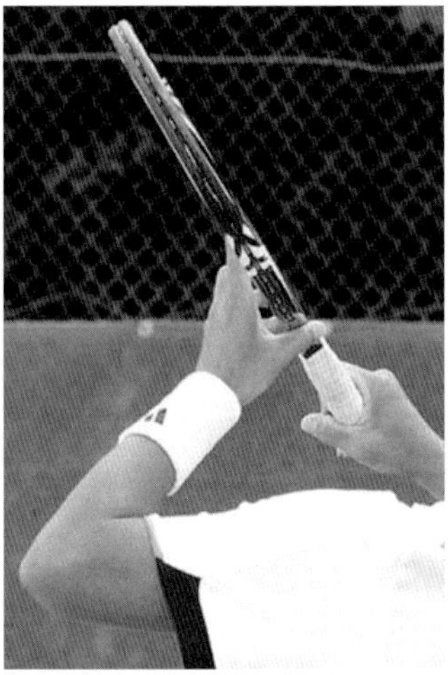

〈백핸드 슬라이스의 그립: 앞면과 뒷면〉

아래 그림은 백핸드 슬라이스의 임팩트 후 팔로드로우 자세이며 오른쪽 그림은 그립 부분을 확대한 것이다. 백스윙 할 때 콘티넨탈 그립으로 만든 라켓 면의 각도를 임팩트 후에도 일정하게 유지하고 있다.

2) 준비

백핸드 슬라이스의 준비 자세는 포핸드 스트로크 또는 양손 스트로크 준비 자세로부터 출발하기 때문에 미리 백핸드 슬라이스 준비 자세를 취하지 않고 신속하게 콘티넨탈 그립으로 전환하는 것이 준비 자세가 된다. 백핸드 슬라이스 자세로 전환하기 이전에 스플릿 스텝은 빠른 준비 동작을 취하는데 도움이 된다.

〈백핸드 슬라이스의 준비〉

3) 테이크백

백핸드 슬라이스의 테이크백은 팔꿈치가 위로 올라가고 라켓을 뒤로 당겨져 있으며 어깨가 턱과 닿을 정도에 위치한다. 백핸드 슬라이스는 콘티넨탈 그립으로 라켓과 손목의 각도는 90도 정도를 유지한다. 백핸드 슬라이스의 테이크백과 포워드 스윙 시 스탠스는 스퀘어 스탠스 또는 오픈 스탠스를 사용한다.

〈백핸드 슬라이스의 테이크백: 뒷면과 앞면〉

4) 임팩트

백핸드 슬라이스의 임팩트는 라켓 헤드가 위에서 아래로 이동하면서 볼과 형성하는 각이 중요하다. 볼과 각이 너무 얇게 형성되면 볼에 힘이 실리지 않아 위력이 없는 아주 평범한 볼이 되기 쉽기 때문에 볼과 각을 두껍게 형성되어 볼에 힘을 실어야 한다.

〈백핸드 슬라이스의 임팩트: 앞면과 뒷면〉

5) 팔로드로우

임팩트 시에 슬라이스 면을 그대로 유지하고 임팩트 후에는 라켓 면을 그대로 유지하고 볼의 방향으로 라켓을 던진다.

〈백핸드 슬라이스의 팔로드로우〉

3. 백핸드 슬라이스 연습

그동안 연습했던 포핸드와 백핸드 스트로크는 탑스핀으로 순회전이지만 백핸드 슬라이스는 반대로 볼에 역회전이 걸리기 때문에 초보자들이 배우기 어렵다. 백핸드 슬라이스 감각을 익히기 위해서는 네트 앞에서 라켓 면을 세워서 백핸드 슬라이스를 연습하고 익숙해지면 베이스 라인에서 길게 연습한다. 볼을 자르지 말고 라켓을 세워서 볼 전체를 누르듯이 스윙한다.

〈백핸드 슬라이스 연습: Tennis One(출처)〉

테니스 초보자가 백핸드 슬라이스를 배우는 것에 대한 의견은 다양하다. 첫 번째 이유는 포핸드와 백핸드 스트로크의 탑스핀 감각이 중요하기 때문에 슬라이스는 나중에 배우는 것이 효과적이라는 판단이다. 두 번째 이유는 테니스 초보자가 백핸드 슬라이스를 배울 때 테니스 엘보를 주의해야 하기 때문이다.

4. 평가

1) 다음에 해당되는 단어를 우리말로 뜻과 함께 써보자.

❶ Sliced Backhand (   )

❷ Top Spin (   )

❸ Square Stance (   )

❹ Open Stance (   )

❺ Surface (   )

❻ Attack (   )

❼ Balance and Posture (   )

2) 다음 그림은 테니스 초보자의 백핸드 슬라이스 동작이다. 그림을 보고 장점과 단점에 대해서 설명해보자.

〈Tennis One(출처)〉

3) 다음 그림은 테니스의 황제로 알려져 있는 로저 페더러의 백핸드 슬라이스 동작이다. 그림을 보고 장점과 단점에 대해서 설명해보자.

< 출처: Tennis 4 everyone >

① 코트의 어느 부분에서 백핸드 슬라이스를 하고 있는가?

② 어떤 그립을 사용하고 있는가?

③ 어떤 스탠스를 사용하고 있는가?

④ 몸통의 회전을 사용하고 있는가?

⑤ 라켓을 목적한 방향으로 던져주는 것을 무엇이라고 하는가?

⑥ 백핸드 슬라이스 감각에 대해서 설명해 보자.

4) 백핸드 슬라이스에서 임팩트를 할 때, 볼에 회전을 많이 주기 위해서 해야 할 점을 세 가지만 써보자.

①

②

③

5) 나음 그림과 같이 백핸드 슬라이스를 하기 위해서 잡는 그립 방법을 무엇이라고 하는가? 그리고 손목의 움직임에 대해서 이야기 해보자.

<출처: http://www.matthewwchle.net, Tennis Instruction>

6) 백핸드 슬라이스는 언제 사용하는 것이 효과적인가? 단식 게임과 복식 게임으로 나누어 설명해보자.

7) 자신의 한손 백핸드 슬라이스 동작을 분석하시오.

※ 주안점
① 어떤 그립을 취하는가?
② 테이크 백 동작을 할 때에 손목에 코킹이 만들어 지는가?
③ 테이크 백을 할 때 볼과 양 어깨는 나란한가?
④ 슬라이스를 할 때 역회전이 충분한가?

※ 동작 분석 요령
❶ 스마트 폰이나 디지털 카메라들 동작을 촬영한다.
❷ 동영상 편집기로 테니스 동작을 편집한다.
❸ 테니스 동작을 캡처하여 그림 파일로 저장한다.
❹ 한글을 열어서 동영상을 불러와서 붙이기 한다.
❺ 자기의 테니스 동작을 순서대로 구분한다.
❻ 순서는 그립-준비-테이크백-임팩트-팔로드로우이다.
❼ 순서대로 자기의 동작에 대한 장단점을 서술한다.
❽ 학번_이름_.hwp 로 저장하여 사이버 강의실에 저장한다.

제 8 장

서브 (Serve)

이 장은 게임을 위한 준비 단계라고 할 수 있는 서브에 대한 설명이다. 서브를 배우기 시작할 때쯤이면 기본적인 포핸드나 백핸드 스트로크로 볼을 네트 위로 보낼 수 있을 것이다. 서브는 코트의 베이스 라인에서 상대방 코트의 서비스 에어리어에 볼을 넣는 것이고 게임의 시작을 의미한다. 서브의 종류에는 플랫 서브, 탑스핀 서브, 슬라이스 서브가 있다. 서브를 잘하게 되면 앞으로 배우게 될 스매시도 잘할 수 있을 것이다. 서브는 포핸드나 백핸드 스트로크와 다르게 상대방의 스트로크에 방해를 받지 않고 자신으로부터 출발하기 때문에 연습량에 비례한다고 할 수 있다. 다른 테니스 기술보다도 상대가 없이 혼자서도 연습할 수 있기 때문에 자주 테니스장에 나가서 서브를 연습해보자.

1. 서브의 원리

1) 서브의 스윙 궤도

서브와 스트로크의 동작을 보면 완전히 다른 기술로 보이지만 기술적인 면에서는 큰 차이가 없다. 1-4는 테이크백 시 라켓의 회전 구간이고 5 구간은 임팩트를 할 때 팔과 손목의 회전 구간이며 6-7 구간은 팔로드로우 구간이다. 서브의 속도와 구질은 3개의 원으로 이루어진 회전운동의 결과라고 할 수 있다.

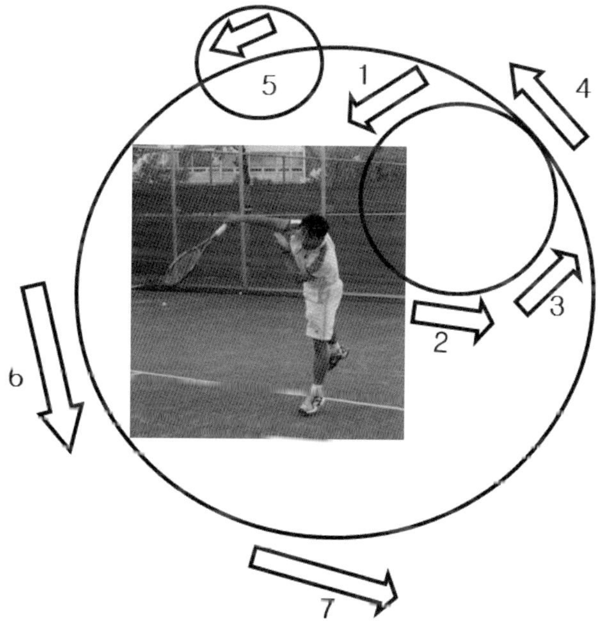

〈서브의 회전운동 궤도〉

2. 서브를 하는 방법

1) 서브의 종류

서브는 플랫 서브, 스핀 서브, 그리고 슬라이스 서브로 구분할 수 있다. 아래 그림에서 보는 것처럼 각 서브마다 임팩트 위치가 다르다. 테니스 초보자 일수록 플랫 서브와 스핀 서브를 먼저 배우고 슬라이스 서브를 나중에 배운다.

플랫서브

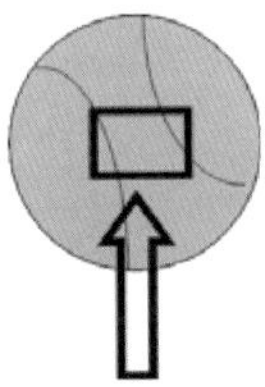

- 볼의 중앙 부분을 임팩트 한다.

스핀서브

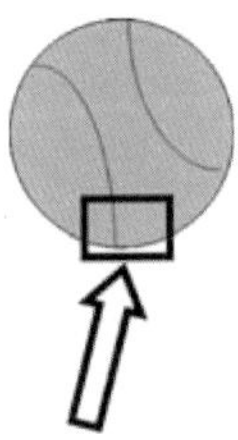

- 볼의 6시 방향에서 1시 방향으로 임팩트 한다.

슬라이스서브

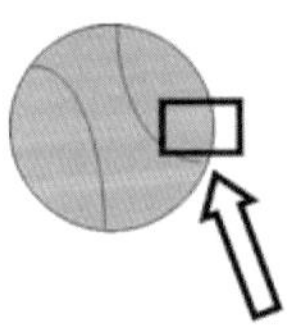

- 볼의 3시 방향에서 9시 방향으로 임팩트 한다.

2) 그립

서브의 그립은 처음부터 끝까지 콘티넨탈 그립이 기본이다. 아래 그림은 서브 동작에서 콘티넨탈 그립이 어떻게 유지되는지 보여주기 위한 것이다. 초보자들은 콘티넨탈 그립이 익숙하지 않지만 웨스턴 그립으로 서브를 하지 않도록 한다.

〈서브의 그립〉

3) 토스

서브의 토스는 적당한 토스의 높이와 방향이 중요하다. 토스의 높이는 라켓을 위로 뻗었을 때보다 더 높게 하고 낙하지점 왼발 앞이다. 토스를 할 때, 아래 그림과 같이 손을 펴서 토스하고 볼이 머리 뒤로 넘어가지 않게 한다. 팔 전체를 이용하여 팔을 위로 펴면서 볼을 정점까지 올린다. 이때 손모양은 아래 그림과 같이 바깥으로 펴져 있어야 한다. 왼팔을 빨리 내리거나 발을 구부리면 전체적인 밸런스가 깨지고 볼에 힘을 줄 수 없어서 폴트(fault)를 범할 확률이 높다.

〈서브의 토스〉

4) 테이크백

서브의 테이크백은 토스부터 시작하여 볼을 임팩트 하기 위한 포워드(forward) 스윙 전까지 동작을 말한다. 테이크백은 라켓을 든 손을 시계 6시 방향에서 12시 방향으로 백스윙 동작을 만드는 방법과 이를 생략하고 바로 백스윙으로 가져가는 방법이 있다. 최근에는 많은 선수들이 바로 백스윙 가져가기도 하는데, 두 가지 백스윙 방법의 공통점은 출발은 달라도 임팩트 시점에서는 같은 자세가 나온다.

5) 포워드 스윙

서브의 포워드 스윙은 테이크백 이후 임팩트 직전까지 구간을 말한다. 포워드 스윙은 테이크백이 끝난 지점에서 바로 라켓이 나가는 게 아니라 라켓의 헤드가 아래로 떨어지고 작은 원을 그리면서 임팩트 방향으로 향한다. 포워드 스윙 전에 등이 활처럼 크게 휘게 하고 왼손으로 몸의 밸런스를 잡아서 하체의 모든 힘이 위로 향하게 한다.

〈서브의 포워드 스윙의 시작〉

6) 임팩트

서브의 임팩트도 스트로크를 할 때처럼 몸 앞쪽에서 이루어져야 한다. 서브의 임팩트는 몸 전체의 회전을 충분히 이용하고 팔과 손목을 이용하여 볼을 임팩트 할 수 있도록 한다. 임팩트 바로 전에 무릎을 구부렸다가 펴는 동작으로 볼에 큰 힘이 전달될 수 있도록 해야 한다. 서브의 임팩트가 일정하게 이루어지기 위해서는 토스가 정확해야 한다.

〈손목-팔-어깨의 회전과 임팩트〉

7) 팔로드로우

서브에서 좋은 팔로드로우는 서브의 파워와 정확성을 향상 시켜준다. 임팩트 시의 손목을 유지하고 충분히 길게 스윙해야 한다. 팔로드로우가 짧으면 네트에 걸리기 쉽고 팔로드로우가 너무 길면 아웃이 되어 버린다. 팔로드로우는 임팩트 후에 내전된 손목을 그대로 유지해야 하고 볼에서 시선을 떼지 않도록 한다. 테니스 초보자는 팔로드로우 후에 피니시 동작에서 라켓이 무릎을 찍지 않도록 주의해야 한다.

〈임팩트 후 팔로드로우〉

3. 서브 연습

1) 베이스 라인에서 서브 연습

베이스 라인에서 서브를 연습한다. 어깨 넓이로 대각선으로 스탠스를 하고 라켓의 중간 프레임에 토스할 볼을 살짝 대고 서브 준비를 한다. 서브를 시작하기 전에 바닥에 볼을 2-3회 튀기면서 정신을 집중한다. 처음부터 강하게 서브를 하지 말고 정확성에 중점을 두면서 부드럽게 서브한다. 익숙해지면 스핀 서브를 하고 볼에 속도를 높여 강하게 쳐본다.

〈베이스 라인에서 서브 연습〉

2) 토스 연습

테니스 초보자들이 서브를 못하는 이유 중에 하나는 토스가 정확하지 않기 때문이다. 토스의 위치는 베이스 라인 상의 50cm 정도 앞쪽이다. 토스가 뒤쪽으로 넘어가지 않도록 손 모양을 볼을 향해서 펴도록 한다. 토스가 일정한 방향과 높이를 유지하기 위해서는 높은 기둥의 연장선을 기준으로 토스를 연습한다.

〈서브의 토스 연습하기〉

3) 서브를 한 후에 네트로 전진하는 연습

서브를 한 후에 곧 바로 네트로 전진하는 연습을 한다. 우리나라에서는 단식보다 복식을 선호하기 때문이다. 복식은 서브를 한 후에 네트로 다가가서 발리 중심의 게임을 펼쳐야 승리할 확률이 높다. 복식에서는 서브와 스트로크가 약하더라도 발리를 잘하면 게임에서 쉽게 지지 않는다. 퍼스트 서브와 세컨드 서브를 구분하여 연습한다. 퍼스트 서브는 볼의 스피드와 코스에 중점을 두고 연습한다. 반대로 세컨드 서브는 스피드보다 안정성에 중점을 두고 연습한다.

〈서브를 한 후에 네트로 전진하는 연습〉

4. 평가

1) 다음에 해당되는 단어를 우리말로 뜻과 함께 써보자.

❶ Flat Serve and Slice Serve (   )

❷ Toss (   )

❸ Fault (   )

❹ First Serve and Second Serve (   )

❺ Hawk Eye (   )

2) 아래 그림은 여학생들의 전형적인 서브 동작이다. 그림을 보고 장점과 단점에 대해서 이야기 해보자.

3) 아래 그림을 보고 다음 질문에 답해보자.

① 서브 그립은 무엇인가 ?

② 현재 자세에서 양 발의 스탠스는 적당한가?

③ 토스에 대해서 어떻게 생각하는가?

④ 서브 시 테이크 백은 어떤가?

⑤ 서브 시 팔로드로우는 어떤가?

⑥ 서브 시 무릎의 구부림은 어떤가?

4) 아래 서브 동작을 보고 다음 질문에 답해보자.

① 서브를 할 때 그립과 스탠스는 어떤가 ?

② 토스의 높이는 어느 정도인가?

③ 토스할 때 손모양은 어떠한가?

④ 토스를 일정하게 하기 위해서 하는 연습은 무엇인가?

⑤ 그림에서 서브 동작의 장점은 무엇인가?

⑥ 자신의 서브 동작과 다른 점은 무엇인가?

4) 자기의 서브 동작을 분석하시오.

※ 주안점

① 서브를 할 때 어떤 그립을 취하는가?

② 서브의 스탠스는 어떤가?

③ 토스의 높이는 어떤가? 토스할 때 손모양은 어떤가?

④ 서브의 방향은 어떤가? 주로 어디로 날아가는가?

⑤ 하체를 반동을 충분히 사용하는가?

⑥ 서브한 볼의 속도와 회전은 어떤가?

⑦ 그립의 문제점이 서브 전체에 어떻게 영향을 미치는가?

⑧ 임팩트 할 때 팔 동작은 어떠한가?

※ 동작 분석 요령

❶ 스마트 폰이나 디지털 카메라들 동작을 촬영한다.

❷ 동영상 편집기로 테니스 서브 동작을 편집한다.

❸ 테니스 서브 동작을 캡처하여 그림 파일로 저장한다.

❹ 한글을 열어서 동영상을 불러와서 붙이기 한다.

❺ 자기의 테니스 서브 동작을 순서대로 구분한다.

❻ 순서는 그립-준비-테이크백-임팩트-팔로드로우이다.

❼ 순서대로 자기의 동작에 대한 장단점을 서술한다.

❽ 학번_이름_.hwp 로 저장하여 사이버 강의실에 저장한다.

제 9 장

스매시(Smash)

스매시란 머리 위로 뜨거나 넘어가는 볼을 제자리 또는 점프를 하면서 치는 기술을 말한다. 스매시와 서브의 차이점은 스매시는 대부분 네트와 서브 라인 근처에서 이루어진다는 점과 게임 포인트를 결정 한다는 점이다. 스매시를 잘하기 위해서는 서브 능력 이외에도 예측력과 결단력, 고무공 같은 탄력이 좋아야 한다. 단식게임이나 복식게임의 기술은 '서브-발리-스매시'의 연결로 되어 있고 사용하는 그립도 콘티넨탈 그립으로 동일하기 때문에 스매시의 출발점은 서브와 발리라고 할 수 있다. 스매시는 위지만 다르지 서브의 연속이라고 할 수 있다.

1. 스매시의 원리

스매시의 원리는 기본적으로 서브의 원리와 큰 차이가 없다. 스매시와 서브의 차이점은 발리 또는 서브 이후에 상대방의 볼이 높이 떴을 때 낙하지점으로 빠르게 이동하여 토스 없이 강하게 스매시 한다는 점이다. 공통점은 콘티넨탈 그립이고 어깨-팔-손목의 회전을 최대한 이용한다는 점이다.

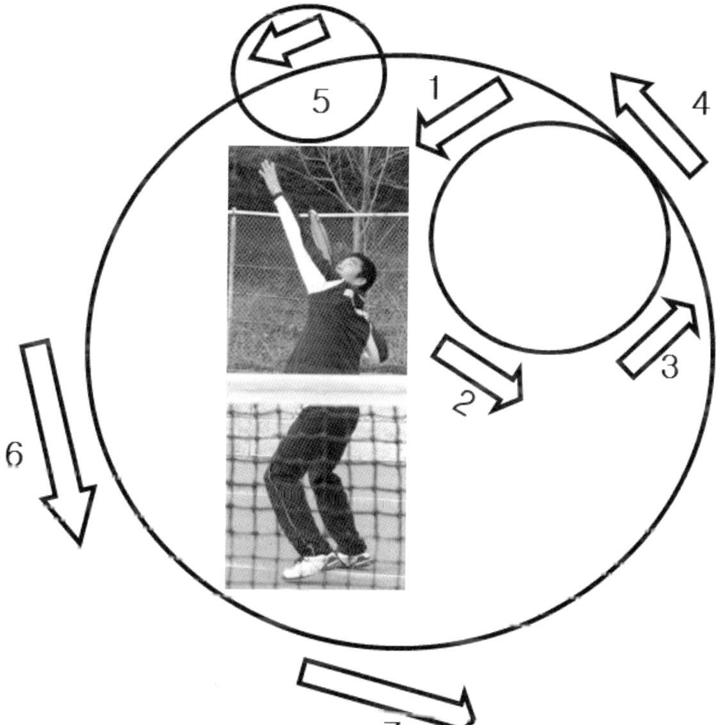

〈스매시의 원리〉

2. 스매시 방법

1) 준비

서브 또는 어프로치샷(approach shot) 후에 네트를 먼저 점령하게 되면 상대방의 볼이 높이 떴을 때 스매시를 위한 자세를 취해야 한다. 스매시의 그립은 콘티넨탈이고 위치는 서브 라인과 네트 사이이다. 상대방의 로브가 깊다면 유동적으로 조금 뒤에서 준비한다. 스매시가 약하면 상대방이 계속 적으로 로브를 사용해서 괴롭게 할 것이고 스매시를 몇 개 실수하고 나면 자신감을 잃어서 결국에는 패하고 말 것이다.

〈스매시의 준비 자세〉

2) 푸트워크와 테이크백

스매시를 위한 푸트워크는 잔발을 이용하여 정확한 공의 낙하 지점으로 신속하게 이동할 수 있도록 해야 한다. 대부분 로브가 머리 뒤로 넘어가거나 머리 위에 높이 뜨기 때문에 빠르게 뒤로 방향을 전환한 후에 한 발을 뒤로 하고 라켓을 들어 올려서 테이크백을 한다. 테이크백은 가급적 미리 하고 볼이 떴을 때 조금 여유를 가지고 기다릴 수 있도록 해야 한다. 왼손은 높게 들어 볼을 향하게 하고 라켓이 왼손과 평행하게 한다.

〈스매시의 푸트워크와 테이크백〉

3) 포워드 스윙

스매시의 포워드 스윙은 라켓이 머리와 등 뒤에서 부드럽게 돌아 나와서 임팩트 할 수 있도록 힘을 빼고 팔꿈치를 높게 하여 최대한 회전력을 이용할 수 있도록 유도한다. 만약 상대방의 로브의 포물선이 자신의 생각보다 훨씬 높게 뜨게 되면 점프를 하면서 포워드 스윙을 한다. 스매시의 타점은 정점보다 앞쪽에서 이루어지도록 포워드 스윙을 한다.

〈스매시의 포워드 스윙의 시작〉

4) 임팩트

스매시의 임팩트는 가능한 한 자신의 머리보다 앞에서 스위트 스팟이 형성되도록 해야 한다. 다리-허리-어깨-팔-손목-라켓의 순서로 회전력을 증가 시켜서 강하게 임팩트 한다.

〈스매시의 임팩트 지점〉

임팩트의 속도가 지나치게 빠르거나 볼을 길게 밀고 나가지 못하면 네트에 걸릴 수 있다. 또한 임팩트를 길게 끌고 나가면 아웃이 될 수 있기 때문에 타점과 임팩트의 길이를 조절할 수 있어야 한다.

5) 팔로드로우

임팩트 이후에 이루어지는 팔로드로우는 볼을 던질 때와 유사하게 어깨를 돌려주고 라켓이 몸통 안쪽 방향으로 향하게 하여 팔로드로우를 한다. 팔로드로우의 마무리는 무릎의 바깥쪽으로 향할 수 있도록 해야 라켓이 무릎을 때리지 않는다. 팔로드로우는 점프 스매시를 했다면 착지와 함께 이루어져야 하기 때문에 몸의 밸런스가 깨지지 않도록 한다. 라켓을 이용하여 자연스럽게 몸의 균형을 잡도록 해보자.

(스매시 이후 팔로드로우)

3. 스매시 연습

1) 서브 라인에서 스매시 연습

서브 라이에서 손목의 내전을 이용하여 볼을 약간 낮게 토스하여 라켓의 스위트 스팟 부분으로 부드럽게 스매시 한다.

〈스매시 연습〉

2) 바운드하여 스매시

테니스 코트의 한 가운데 서서 볼을 라켓으로 높게 올려서 바닥에 바운드 시키고 신속하게 볼 밑으로 파고 들어가서 튀어 오르는 타점 높은 볼을 강하게 스매시 한다.

4. 평가

● 다음 체크리스트에 따라 스매시 동작을 분석해 보자.

번호	내용	상	중	하
1	스매시를 할 때 볼 밑으로 이동하는가?	□	□	□
2	콘티넨탈 그립인가?	□	□	□
3	원하는 지점으로 볼을 보내는가?	□	□	□
4	사이드 스텝을 밟는가?	□	□	□
5	임팩트는 앞쪽에서 형성 되는가?	□	□	□

※ 동작 분석 요령

❶ 스마트 폰이나 디지털 카메라들 스매시 동작을 촬영한다.
❷ 동영상 편집기로 테니스 서브 동작을 편집한다.
❸ 테니스 서브 동작을 캡처하여 그림 파일로 저장한다.
❹ 한글을 열어서 동영상을 불러와서 붙이기 한다.
❺ 자기의 테니스 서브 동작을 순서대로 구분한다.
❻ 순서는 그립-준비-테이크백-임팩트-팔로드로우이다.
❼ 순서대로 자기의 동작에 대한 장단점을 서술한다.
❽ 학번_이름_.hwp 로 저장하여 사이버 강의실에 저장한다.

제 10 장

발 리 (Volley)

발리(volley)란 주로 네트 근처에서 볼이 땅에 닿기 전에 처리하는 기술이다. 발리는 스트로크만큼 중요한 기술이지만 대부분 학생들이 테니스 초보자이므로 발리의 중요성을 일찍 깨닫지 못한다. 초급자가 중급자 또는 상급자가 되기 위해서는 필수적으로 발리의 실력을 높여야만 한다. 특히, 복식 경기에서는 누가 먼저 네트 플레이를 잘하느냐에 따라 승패가 좌우되기도 하기 때문에 발리 능력은 경기에서 중요한 역할을 한다. 발리는 그라운드 스트로크에 비해서 볼이 날아오는 시간과 거리가 짧기 때문에 반응하는 발리를 준비하는 속도 도 빨라야 한다.

1. 발리의 원리

발리의 원리는 백핸드 슬라이스의 원리와 근본적으로 같지만 발리는 네트 앞에서 필요한 중급 이상의 기술이다. 발리를 할 때 라켓의 헤드는 1구간에서 테이크백이 되어 2구간에서 임팩트가 이루어지고 3구간으로 팔로드로우 하게 된다. 라켓과 볼의 접촉면이 너무 얇으면, 볼에 회전만 많고 파워가 없기 때문에 라켓의 면과 볼의 접촉면이 길게 유지해야 한다.

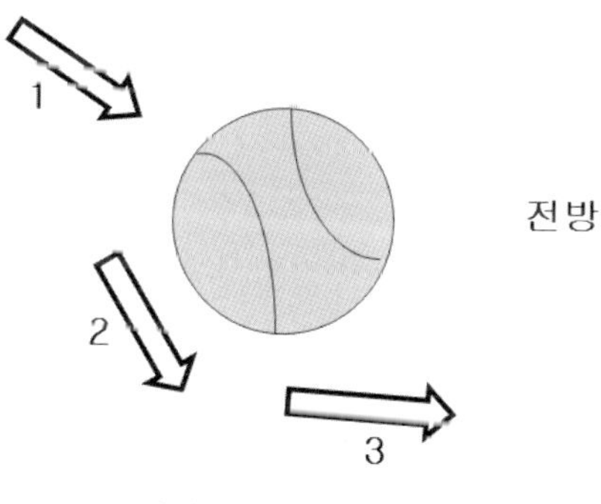

〈발리의 슬라이스의 궤도〉

2. 발리를 하는 방법

1) 그립(grip)

포핸드 발리와 백핸드 발리의 그립은 콘티넨탈 그립으로 동일하다. 콘티넨탈 그립은 상대방의 볼에 빨리 반응하고 슬라이스가 잘 되기 때문이다. 테니스 초보자들은 발리를 처음 배울 때 그동안 순회전이 되는 볼을 치기위해서 연습했기 때문에 웨스턴 그립에 익숙하고 콘티넨탈 그립에 대해서는 새롭고 어렵게 느껴질 수 있다. 콘티넨탈 그립의 손 모양은 물론 백핸드 슬라이스와 서브, 스매시를 배우면서 콘티넨탈 그립에 익숙해졌지만 발리를 잘하기 위해서는 콘티넨탈 그립의 사용을 늘려야 한다.

〈포핸드 발리 그립〉

포핸드 발리와 백핸드 발리를 잘하기 위해서는 스트로크와 반대로 콘티넨탈 그립을 사용해서 볼이 백스핀이 걸리도록 스윙의 방향을 위에서 아래로 향하도록 한다.

〈백핸드 발리 그립〉

2) 준비

발리의 준비 자세는 상대가 친 볼에 대해 최대한 효과적으로 빨리 반응하기 위한 준비 동작이다. 발리의 위치는 네트와 2m 거리를 유지하고 상황에 따라서 위치를 조정해야 한다.

3) 푸트워크와 테이크백

빠른 볼에 반응하기 위해서 발리는 푸트워크와 테이크백이 동시에 해야 한다. 푸트워크는 볼이 날아오는 방향으로 비스듬히 내딛고 신속하게 볼에 접근해야 할 수 있어야 한다. 백핸드 발리를 할 때는 한쪽 발을 내딛고 전진하면서 중심을 이동하면서 볼에 접근한다. 일반적으로 상대방의 볼에 반응 시간을 짧게 하기 위해서 테이크백은 시야에서 보일 수 있어야 한다.

〈푸트워크와 테이크백: Tennis One(출처)〉

하지만 그림처럼 볼의 높이가 높고 시간적인 여유가 있을 때는 공격적인 발리를 하기 위해서 라켓이 머리 뒤로 크게 테이크백이 될 수도 있다. 상대방의 볼이 빠를수록 라켓을 뒤로 가져가지 말고 정면을 기준으로 좌우 15도 정도만 라켓의 간격을 두고 체중을 이용하여 볼에 힘을 실어서 발리를 한다.

4) 임팩트

발리의 임팩트는 라켓이 위에서 아래로 내려가면서 이루어진다. 라켓의 아래 부분이 볼을 향하여 선행하게 하고 라켓의 위 부분이 따라오게 하여 볼이 반대로 회전하게 한다. 역회전을 생각하여 볼의 아래 부분 만을 임팩트 하지 말고 볼 전체를 누른다는 느낌으로 해야 한다. 포핸드 발리는 콘티넨탈 그립으로 손목은 코킹이 되어 있어야 하고 라켓의 헤드가 세워져야 한다.

〈포핸드 발리의 임팩트:Tennis One(출처)〉

백핸드 발리는 초보사들이 어렵게만 생각하는 기술이지만 포핸드 발리와 기술적인 면에서 큰 차이가 없다. 백핸드 발리는 왼손으로 라켓의 허리를 잡고 있다가 반작용으로 밀어내는 느낌으로 스윙한다.

5) 팔로드로우

포핸드 발리와 백핸드 발리의 팔로드로우는 임팩트 후 라켓을 볼의 목표지점으로 던져주면 된다. 포핸드 발리의 팔로드로우는 임팩트 후 양쪽 어깨를 조이는 느낌으로 두 팔이 교차되도록 한다. 백핸드 발리의 팔로드로우는 양쪽 어깨를 펴는 느낌으로 임팩트 이후에 라켓을 목표지점으로 글라이딩 한다.

〈백핸드 발리의 팔로드로우〉

포핸드 발리와 백핸드 발리는 항상 시선을 볼에 주시해야 하는데 팔로드로우가 끝나면 다음 동작으로 빨리 전환할 수 있도록 복원하여 준비 자세를 취한다. 준비 자세 이후에 스플릿 스텝을 하는 것은 반응 속도를 빠르게 하는데 도움이 된다.

3. 발리 연습

1) 손바닥으로 볼을 치는 발리 연습

2인 1조가 되어 한 사람은 볼을 던져주고 다른 한 사람은 손바닥으로 발리 면을 만들어서 포핸드 발리는 손바닥 면으로 볼을 치고 백핸드 발리는 손등으로 볼을 친다. 라켓으로 발리 면을 느끼는 것보다 큰 효과가 있을 것이다.

2) 라켓 반만 잡고 하는 발리 연습

2인 1조가 되어 한 사람은 볼을 던져주고 다른 한 사람은 라켓의 허리를 잡고 발리 면을 만들어서 발리를 연습한다.

〈라켓 반만 잡고 하는 발리 연습: Tennis One(출처)〉

4. 평가

1) 주로 전위에서 볼이 땅이 닿기 전에 슬라이스 기술을 이용하여 스트로크 하는 기술을 무엇이라고 하는가?

2) 테니스 초보자는 다양한 볼을 쳐보는 게 좋다. 발리 기술이 게임 상황에서 왜 중요한지 간단히 얘기해 보자.

3) 포핸드 발리와 백핸드 발리의 그립은 동일한가? 동일하다면, 어떤 형태의 그립이 적합한가?

4) 선수들이나 테니스를 잘하는 동호인들의 경기를 보면, 발리를 하기 전에 가볍게 점프를 하는데 이러한 이유는 무엇인지 설명해 보자.

제 11 장

로브(Lob)

테니스 초보자가 로브를 배울 때쯤이면 테니스가 훨씬 재미있어지고 복식 게임도 어느 정도 가능하다고 판단된다. 복식 경기는 서브-발리-로브-스매시 등의 기술로 연결되어 있기 때문에 로브를 잘 배워서 적절하게 사용할 수 있으면 금방 테니스 중급자가 될 수 있을 것이다. 이번 장에서는 세 가지 로브 중에 슬라이스 로브를 집중적으로 다루기로 한다.

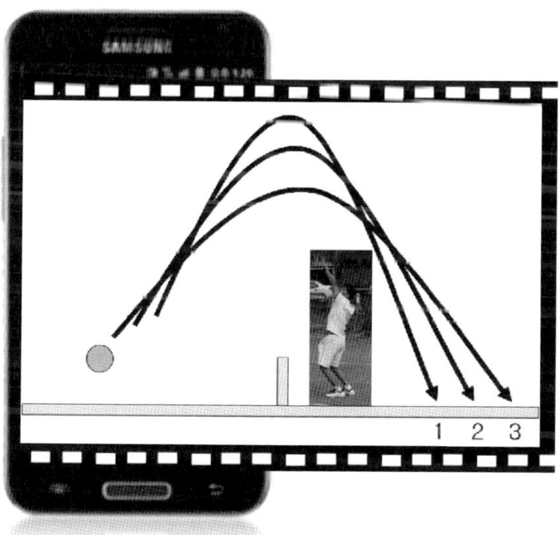

1. 로브의 원리

로브(lob)는 상대방의 키를 넘겨 뒤로 높게 공을 보내는 기술이다. 로브의 장점은 상대방의 네트 대시(dash)를 어렵게 하고, 수비 상황을 공격 상황으로 바꾸거나 시간을 벌 수도 있어서 상대방의 리듬을 깨고 게임의 흐름을 바꿀 수도 있다. 로브를 할 때 고려 사항은 볼의 높이와 깊이이다. 볼의 높이는 화살표 1과 같이 높아야 하고, 볼의 깊이는 화살표 3과 같이 깊어야 한다.

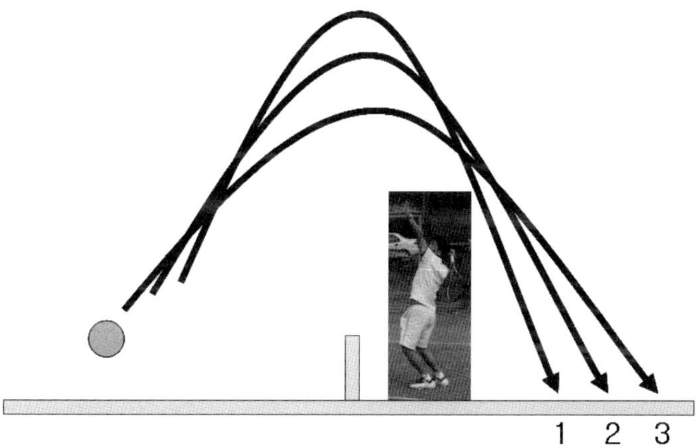

〈로브의 높이와 깊이: Tennis One(출처)〉

로브는 공격형 로브와 수비형 로브로 나눌 수 있고 볼의 회전 형태를 기준으로 플랫 로브, 슬라이스 로브, 톱스핀 로브 등으로 구분할 수 있다. 공격 로브는 톱스핀 로브가 많이 사용되고 수비형 로브는 슬라이스 로브를 많이 이용한다.

2. 로브를 하는 방법

로브는 상대방이 예측하지 못했을 때 해야만 효과적이다. 상대방이 로브를 미리 예측할 수 없도록 처음에는 스트로크 자세를 취했다가 로브를 하든지, 네트 앞에 짧게 보내서 상대방이 발리를 유도하고 로브를 해야만 보다 효과적일 수 있다. 슬라이스 로브는 서브를 리턴 할 때나 좋은 자세로 스윙하지 못할 때 사용한다. 슬라이스 로브는 플랫 로브보다 라켓 면을 열어서 볼의 높이와 깊이를 조절하여 쳐야 한다.

1) 준비와 그립

로브의 준비 자세는 일반적인 준비 자세이다. 로브 직전에 스트로크와 발리를 하고 있었다면 그립을 순간적으로 콘티넨탈 그립으로 바꿔야 한다.

2) 테이크백과 임팩트

테이크백을 할 때 그립을 바꾸는데, 슬라이스 로브를 계획하면 콘티넨탈 그립으로 바꾸고, 탑스핀 로브를 계획하면 세미 웨스턴 그립으로 바꿔야 한다. 임팩트는 볼과 라켓이 두껍게 이루어져서 그 느낌을 그대로 간직하도록 한다.

3) 팔로드로우

로브의 팔로드로우는 볼의 목표 방향으로 끝까지 던져주워야 한다. 팔로드로우가 끝난 후에는 상대방의 스매시에 대비하여 바로 준비 자세로 복원한다. 슬라이스 로브로 볼을 보낼 때에는 볼이 짧아져서 서브 에어리어에 떨어지게 되면 상대방의 스매시 공격으로 실점하기 쉬우므로 볼이 짧아지지 않도록 길게 보내야 한다.

〈로브의 팔로드로우〉

3. 로브 연습

테니스 초급자가 슬라이스 로브를 연습 할 때는 볼의 높이와 깊이에 관심을 두고 연습해야 한다. 테니스 초급자가 상급자가 된다면, 상대방의 리듬을 속여서 로브를 할 수 있도록 타이밍도 고려해야 한다. 슬라이스 로브 볼이 반대편 코트의 베이스 라인 바로 앞으로 수직으로 떨어지도록 로브의 높이와 깊이를 조절해 보자. 혼자서 슬라이스 로브의 높이와 깊이 조절 연습이 끝나면 2인 1조로 로브를 연습한다. 한 명(A)은 베이스 라인에서 로브를 올리고 다른 한 명(B)은 맞은 편 서브 라인에서 스매시를 연습하는데 교대로 할 수 있도록 한다.

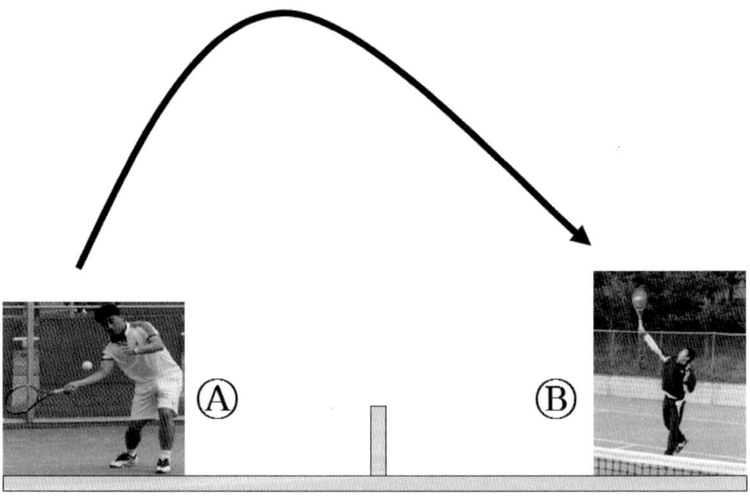

〈2인 1조 로브와 스매시 연습〉

4. 평가

1) 다음에 해당되는 단어를 우리말로 뜻과 함께 써보자.

❶ Top Spin Lob (   )
❷ What is the definition of lob in tennis? (   )
❸ Base Line Player (   )
❹ Gliding (   )
❺ Offensive and Defensive (   )

2) 테니스 경기 중에 상대방의 키를 넘겨 뒤로 높게 공을 보내는 기술을 무엇이라고 하는가?

3) 테니스 경기 중에 사용하는 로브의 장점을 이야기 해보자

4) 로브는 언제 올려야 더욱더 효과적인가?

5) 아래 그림을 보고 탑스핀 로브에 대해서 설명하시오.

〈에냉의 백핸드 로브: Yocto-Tennis-Club.Com(출처)〉

6) 2인 1조 로브-스매시 연습을 5회 이상 해보자.

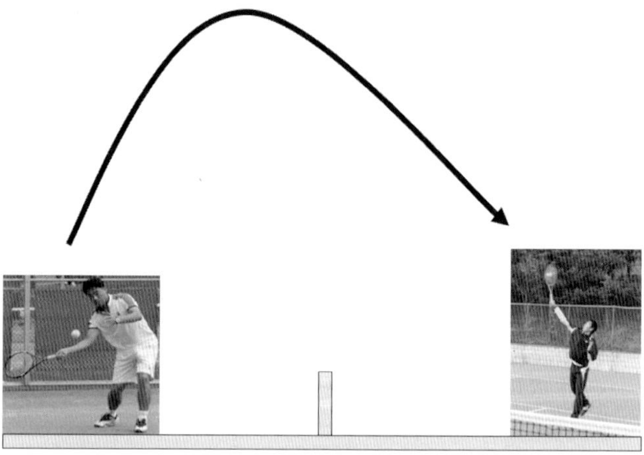

제 12 장

단식 게임(Single)

이제 그동안 배웠던 테니스에 대한 단편적인 기술들을 이용하여 단식 게임을 해본다. 그동안 열심히 배웠던 스트로크와 서브, 발리와 스매시에 이르기까지 실제 게임에 제대로 사용하지 못한다면 무슨 소용이 있겠는가? 그동안 수없이 연습했던 테니스 기술들은 실제 게임을 잘하기 위해서 준비했던 것이다. 비록 테니스 초급 수준일지라도, 실제 단식 게임을 한번 해 보면 연습보다 훨씬 재미있다는 것을 알게 될 것이다. 이번 장은 테니스 초보자들이 테니스 게임에 입문할 수 있도록 내용을 구성하였다. 먼저, 테니스 초보자들이 이해하기 쉽게 게임 시작하기부터 끝내기까지 아주 간단하게 테니스 경기방법을 설명하였다.

1. 단식 게임의 순서

단식 게임은 '싱글(single)', 복식 게임은 '더블(doubles)' 이라고 한다. 단식 게임은 혼자서 하는 1대1 게임이고, 복식 게임은 둘이서 하는 2대2 게임이며 '혼합 복식(mixed doubles)' 게임도 있다.

1) 인사하고 코트와 서브권 정하기

단식 게임을 시작하기 위해서는 처음 코트에 들어가서 간단한 인사를 한다. 처음 보는 사람이라면 아주 짧은 자기소개도 좋다. 인사 방법은 보통 악수를 하면서 "수고 하세요", "만나서 반갑습니다", "한수 부탁합니다"라고 하면 된다. 간단한 인사 후에는 공식적으로는 동전 던지기로 코트와 서브권을 정하는데 일반 동호인이나 학생들은 가위, 바위, 보로 결정한다. 동전 던지기나 가위, 바위, 보에서 이긴 사람이 코트나 서브권을 먼저 정할 수 있으며, 각각 선택한 코트로 이동해야 한다. 코트로 이동한 후에는 게임을 잘하기 위해서 약 5분 정도 땀이 날 정도로 스트로크와 발리, 스매시 등을 연습한다.

2) 서브 연습

서브 연습은 듀스(Deuce) 코트와 애드(AD; Advantage) 코트에서 2번씩 연습을 하는데 한 사람이 서브를 넣게 되면, 상대방은 리시버(Receiver) 역할을 하지만 리턴하지 말고 주머니에 넣는다. 서브를 넣는 사람을 서버(Server)라고 부르고, 리턴을 하는 사람을 리시버라고 부른다. 테니스 스코어는 항상 서브를 넣는 사람이 각 포인트가 끝날 때마다 상대방이 들을 수 있도록 외친다.

3) 게임 시작

게임은 듀스 코트에서 서브로부터 시작한다. 서버는 시간을 아끼기 위해서 항상 볼을 2개를 가지고 시작하는데 하나는 서브 준비를 하고 다른 하나는 왼쪽 주머니에 넣는다. 서버는 리시버가 준비 되었을 때, 퍼스트 서브를 하여 게임을 진행하고, 폴트가 되면 세컨드 서브를 한다. 리시버는 폴트가 되었을 때 가능한 한 볼을 치지 말고 잡아서 주머니에 넣어서 시간을 아낀다.

〈서브 준비하기〉

서브를 할 때 파트너는 네트 앞에 위치하고 리시버는 서브 라인과 베이스 라인에서 리턴 준비를 한다.

〈서버와 리시버의 위치와 자세〉

4) 게임 끝

게임이 끝나면 "재미있었습니다." 또는 "수고 했습니다"라고 간단히 인사하고 헤어진다.

2. 단식 게임 방법

1) 서버의 위치

서버의 위치는 엔드 라인의 센터 마크를 넘지 않아야 한다. 서버의 위치는 넣어야 할 서브의 코스와 상대방의 리턴 방향에 따라서 결정된다.

〈단식 게임에서 서버 위치〉

2) 리시버의 위치

리시버의 위치는 상대 서버의 서브의 구질에 따라서 달라질 수 있다. 일반적으로 리시버의 위치는 베이스 라인으로부터 1m 정도 또는 라켓 1개 정도 뒤쪽에 위치한다. 서버의 위치가 모서리 쪽으로 이동하면 리시버의 위치도 모서리 쪽으로 이동하고 서버의 위치가 중간 지점으로 이동하면 리시버의 위치도 중간 쪽으로 이동한다. 서버의 퍼스트 서브에는 리시버가 베이스 라인 뒤쪽에 위치하고 서버의 세컨드 서브에는 리시버가 베이스 라인 안쪽으로 이동하여 위치한다.

〈단식 게임에서 리시버의 위치〉

3) 코트의 교대(court change)

게임을 공평하게 진행하고 약간의 휴식과 수분을 보충하기 위해서 코트를 바꾸는데 이를 코트 교대라고 한다.

〈코트의 교대 중에 휴식: 2011 윔블던 결승〉

첫 번째 코트 교대는 첫 번째 게임이 종료되었을 때, 이후부터는 게임의 합이 홀수일 때 교대한다.

〈단식 게임에서 코트의 교대: 2011 윔블던 R3〉

4) 점수계산법(Scoring system)

테니스에서 포인트 0(Love), 15(Fifteen), 30(Thirty), 40(Forty), Deuce, Advantage 순서로 되어 있다. 먼저 4 포인트를 따면 1게임을 이기게 되고, 6게임을 따게 되면 1세트를 이기게 되며, 3세트를 따게 되면 승리하게 된다. 점수계산법은 아래와 같다.

서버	리시버	스코어 방법
15	0	Fifteen-Love
15	15	Fifteen-All
15	30	Fifteen-Thirty
30	40	Thirty-Forty
40	40	Deuce
40-1	40	Advantage Server

5) 타이 브레이크 시스템(Tie-break system)

테니스 경기에서 한 세트에서 게임 점수가 6:6이 되었을 때, 타이 브레이크 시스템을 적용한다. 타이 브레이크에서는 각 포인트는 1, 2, 3, 등으로 부른다. 첫 번째 서버의 서브는 듀스 코트에서 한 번만 넣는다. 다음 서버부터는 애드코트부터 서브를 넣고 다음에 듀스 코트에 서브를 넣는다. 타이 브레이크 게임에서 승자는 적어도 상대방보다 2포인트 이상, 7포인트를 얻는 사람이 된다. 포인트가 6:6일 경우에는 2점차가 날 때까지 게임을 한다.

〈1세트 타이브레이크: 2012년 호주오픈 준결승(출처)〉

6) 노 애드 시스템(No-Ad System)

테니스 경기는 많은 시간이 소요될 때가 있어서 시간상 문제점으로 지적되어 왔다. 2012년 호주오픈 남자 결승전 경기는 5시간 53분이나 소요되었다. 역대 최장시간 테니스 경기는 2010년 윔블던 테니스 경기에서 존 이스너(미국)와 니콜라 마위(프랑스)의 경기로 11시간 5분이 소요되었다. 노 애드 시스템이란 일반적으로 포인트 스코어가 듀스가 되었을 때, 일반적으로 두 포인트를 연속해서 득점을 해야만 게임이 끝나게 되지만 노 애드 시스템은 듀스 제도를 적용하지 않고 한 포인트만으로 게임을 결정하는 것이다. 우리나라 동호인 경기는 대부분 노 애드 시스템을 적용한다.

7) 경기 스타일

어떤 테니스 스타일을 추구할 지 한 번은 생각해 보기 바란다. 어떤 스타일을 추구할 것인지에 따라서 경기 내용이 다르고 즐거움도 다르기 때문이다. 테니스 초보자라면 자기가 좋아하는 테니스 우상을 만들고 그 선수들의 스타일을 따르기도 한다.

① 서브 앤 발리이(Serve and Volleyer)

서브 앤 발리어는 서브를 넣고 즉각 네트로 달려가서 발리로 승부를 결정 내는 플레이 스타일을 말한다. 서브 앤 발리어는 서브가 강하고 발리 능력이 좋은 신체 조건이 뛰어난 선수들이 선호한다. 서브 앤 발이어로 유명한 선수들은 매켄로, 샘프라스, 래프터, 루제스키, 헨만 등이다.

② 베이스 라이너(Baseliner)

베이스 라이너는 서브 앤 발리어와는 달리 베이스 라인에서만 스트로크 위주로 승부를 결정 내는 플레이 스타일을 말한다. 베이스 라이너로 유명한 선수들은 애거시, 나달, 휴잇 등이다.

③ 올라운드 플레이어(All Round Player)

올라운드 플레이어는 서브 앤 발리어와 베이스라이너를 합한 전천후 스타일플레이 스타일이라고 할 수 있다. 올라운드 플레이어로 유명한 선수들은 페더러, 블레이크, 이형택 등이다.

3. 평가

1) 다음 단식 게임 그림을 보고 누구의 경기인지, 몇 세트 째인지, 두 선수의 현재 스코어를 설명하시오.

〈2012년 호주오픈 준결승(출처)〉

2) 단식 게임에서 코트 교대는 언제 하는지 설명해 보자.

3) 단식 게임에서 1게임의 스코어 부르는 방법을 순서대로 친구에게 설명 해보자.

4) 볼이 라인에 살짝 0.1mm 정도 닿았다면 In일까 Out 일까?

5) 자신의 단식 게임의 장점과 단점을 5가지씩 써보자.

※ 장점

①

②

③

④

⑤

※ 단점

❶

❷

❸

❹

❺

6) 단식 게임은 서브, 발리, 리턴, 스트로크, 게임의 운영 능력이 가장 중요한 요소이다. 각 요소마다 자기의 능력을 5점 척도로 체크해 보자. 총점이 32점 이상이면 A+를 받을 수 있다.

구분	설명	1점	2점	3점	4점	5점
서브	더블 폴트가 적고 원하는 코스로 서브를 할 수 있음					
스매시	상대방의 로브를 스매시하여 득점과 연결하였음					
발리	실수가 적고 원하는 코스로 발리를 할 수 있음					
리턴	리턴에 실수가 없고 원하는 곳으로 리턴을 할 수 있음					
포핸드 스트로크	기본기에 충실하고 원하는 곳으로 볼을 보낼 수 있음					
백핸드 스트로크	기본기에 충실하고 원하는 곳으로 볼을 보낼 수 있음					
백핸드 슬라이스	기본기에 충실하고 원하는 곳으로 볼을 보낼 수 있음					
게임 운영 능력	내가 원하는 대로 게임이 잘 되었다고 생각됨					
총점						

제 13 장

복식 게임(Doubles)

복식 게임은 단식 게임과 전혀 다르다. 단식 게임을 잘한다고 해서 복식 게임을 무조건 잘하는 게 아니다. 복식 게임은 일단 플레이어가 둘이고, 코트가 복식 코트로 넓어 졌다. 스트로크나 서브, 발리 등 기본적인 테니스 기술은 같지만 그 안에 담겨져 있는 게임 내용은 심리적이고 전술적이어서 단식 게임보다 한층 복잡하고 재미있다. 이번 장에서는 테니스 초보자를 위해서 어려운 경기 전술은 생략하고 간단하게 복식 게임의 진행 순서를 그림과 함께 설명할 것이다.

1. 복식 게임의 순서

복식 게임은 2명이 한 조가 되어서 2개 조가 경기를 하는 것이다. 여성과 남성이 함께 하는 혼합 복식(mixed doubles)이라고 하고 복식 게임의 흐름을 먼저 설명한다.

1) 인사하고 코트와 서브권 정하기

단식 게임과 중복이 되는 부분은 생략한다. 복식 게임이 단식 게임과 다른 점은 혼자서 경기를 하는 것이 아니라 파트너와 함께 경기를 해야 한다는 것이다. 복식 게임은 서로가 파트너를 배려할 수 있어야 한다. 게임 중에 배려란 기본적인 예의뿐만 아니라 게임의 운영에 있어서도 파트너가 더 잘할 수 있도록 게임 내용을 충실히 하는 것도 포함된다.

〈복식에서 인사하고 코트와 서브권 정하기〉

2) 서브 연습

복식 게임은 4명이 2개씩 서브 연습을 하기 때문에 연습 도중에 볼에 맞지 않도록 하고 서로 배려하는 모습을 보일 수 있어야 한다. 퍼스트 서브와 세컨드 서브를 구분하여 연습한다.

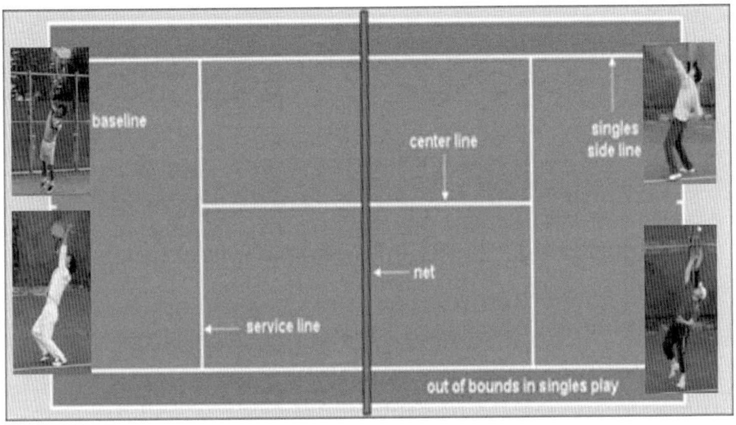

〈복식에서 서브 연습〉

3) 게임 시작

처음 테니스 게임을 하는 테니스 초보자들은 단식 경기보다 복식 경기에서 많은 혼동을 일으킨다. 서버와 리시버의 위치가 자꾸 변하기 때문에 처음에는 그럴 수밖에 없고 불안하기까지 하다. 하지만 지나친 걱정은 금물이고 긍정적으로 게임을 배우기 바란다.

4) 게임 매너

복식 게임은 파트너와 조화가 중요하다. 조화를 이루는 방법은 파트너가 잘하면 칭찬해주고 실점하면 용기를 북돋도록 해야 한다. 손바닥을 마주치는 '하이파이브'도 파트너와 호흡을 맞추는데 도움이 된다.

〈복식의 게임 매너 : http://www.bubearcats.com(출처)〉

5) 코트 바꾸기

복식에서 코트를 바꿀 때는 신속하게 사이드를 통과하여 게임할 위치로 이동한다. 이동 중에 간단히 음료수를 마실 수 있는데 자리에 앉지 않도록 한다.

6) 게임 끝

게임이 끝나면 “재미있었습니다.” 또는 “수고 했습니다”라고 간단히 인사하고 헤어진다.

2. 복식 게임 방법

1) 서브권이 있을 때 서버와 발리어의 위치

서버는 엔드 라인에서 서브를 하고 발리어는 네트 앞에 위치하고 서버는 중앙의 엔드 라인 마크를 넘지 않아야 한다.

〈복식에서 포지션: http://www.zimbio.com(출처)〉

2) 서브권이 없을 때 리시버의 위치

리시버는 복식 라인 모서리에서 준비하고 파트너는 베이스 라인보다 약간 앞에서 준비한다. 파트너는 상대의 서브가 강하면 좀 더 뒤로 후퇴하여 베이스 라인 근처에 있어야 한다.

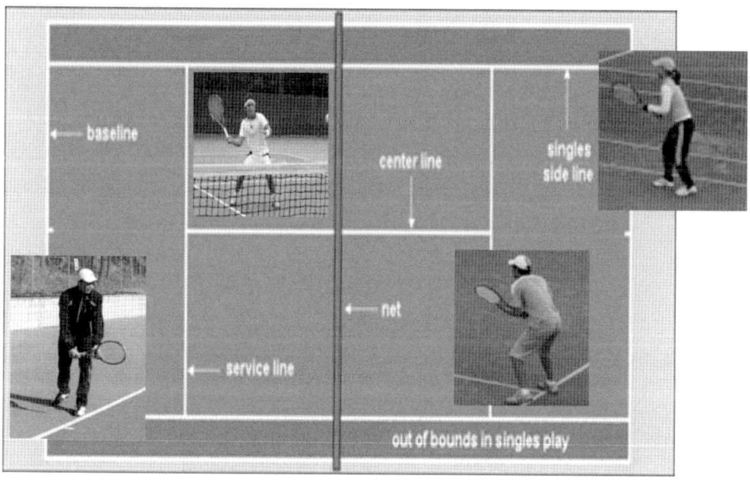

〈서브권이 없을 때 리시버의 위치〉

3) 복식 게임 대형

복식 게임을 하기 위해서는 일반적인 복식 게임 대형을 알아야 한다. A가 서버, B가 서버의 파트너, C가 리시버, D가 리시버의 파트너이다. A는 서버로써 베이스 라인, B는 네트 앞, C는 리시버로써 베이스 라인, D는 베이스 라인 앞쪽에 위치한다.

〈일반적인 복식 게임 대형〉

4) 서브 앤 발리

복식 게임은 기본적으로 서브 앤 발리의 형태로 공격이 이루어진다. 복식에서는 서버가 리시버에 비해서 유리한 입장이기 때문이다. 위의 그림에서 보는 것처럼 일반적인 복식 게임의 대형에서 A가 서브를 넣고 네트로 대시하여 B와 같이 네트 앞에 위치한다. A와 B의 공격 형태는 대부분 발리로 이루어지고 C와 D는 강한 스트로크로 공격을 한다. C와 D가 로브로 상대의 뒤쪽을 공격을 하면 A와 B는 스매시 공격을 한다. 선수 경기나 동호인 경기에서 이러한 경기 패턴은 매우 일반적이다.

3. 평가

1) 복식 게임에서 자신이 서브를 넣을 때 파트너의 위치를 설명해보자.

2) 아래 그림을 보고 현재 진행되고 상황을 얘기해보자.

〈2012년 호주오픈 복식 결승〉

3) 복식 게임에서 파트너와 호흡을 잘 맞추기 위해서 할 수 있는 방법들을 이야기 해보자.

4) 아래 그림을 보고 복식 게임에서 로브는 언제 사용해야 효과적인지 설명해보자.

〈2012년 호주오픈 복식 결승〉

5) 복식 게임은 서브, 발리, 스매시, 리턴, 스트로크, 로브, 그리고 게임의 운영 능력이 가장 중요한 요소이다. 각 요소마다 자기의 능력을 5점 척도로 체크해 보자. 총점이 40점 이상이면 A+를 받을 수 있다.

구분	설명	1점	2점	3점	4점	5점
서브	더블 폴트가 적고 원하는 코스로 서브를 할 수 있음					
빌리	실수가 적고 원하는 코스로 발리를 할 수 있음					
스매시	실수가 적고 원하는 코스로 스매시를 할 수 있음					
로브	실수가 적고 원하는 코스로 로브를 할 수 있음					
리턴	리턴에 실수가 없고 원하는 곳으로 리턴을 할 수 있음					
포핸드 스트로크	기본기에 충실하고 원하는 곳으로 볼을 보낼 수 있음					
백핸드 스트로크	기본기에 충실하고 원하는 곳으로 볼을 보낼 수 있음					
백핸드 슬리이스	기본기에 충실하고 원하는 곳으로 볼을 보낼 수 있음					
게임 운영 능력	내가 원하는 대로 게임이 잘 되었다고 생각됨					
파트너와 호흡	파트너와 호흡이 잘 맞았다고 생각됨					
총점						

6) 자신의 복식 게임의 장점과 단점을 7가지씩 쓰시오.

※ 장점

①

②

③

④

⑤

⑥

⑦

※ 단점

❶

❷

❸

❹

❺

❻

❼

부록1. 토너먼트

Single Tournament 1 Round

Single Tournament 2 Round

Doubles Tournament 1 Round

Doubles Tournament 2 Round

부록2. 테니스 관련 용어

테니스 관련 용어는 테니스 초급자가 테니스 게임을 이해하는 데 필요한 용어만 정리 했다. 이 책의 첫 장에 미리 테니스 관련 용어를 이야기 하고 싶었지만 실제로 게임 몇 번 하면 알게 되기 때문에 시간이 지나면 자연스럽게 이해될 수 있을 것 같아서 뒤로 밀리게 되었다. 첫 장부터 책을 읽다가 모르부분이 있으면 참조하기 바라며 이 장에 없는 내용은 테니스 관련 전문 서적을 찾아보기 바란다.

A

ace : 리시버(receiver)가 라켓조차 대지 못하는 서브 득점

advantage : ad 라고도 하며 듀스(deuce) 후에 어느 한편이 1점을 획득했을 때를 말함

advantage court : left service court, 점수의 합이 홀수인 코트

alley : 단식 코트와 복식 코트의 사이드라인(side line) 사이의 좁고 긴 지역

angle volley : 각도를 주어 상대방이 미칠 수 없는 곳으로 친 발리

approach shot : 네트 앞으로 나아가기 위해서 전진 하면서 치는 스트로크

B

back court : 후방의 코트

back spin : 역회전을 말하며 언더스핀(under spin)이라고도 한다.

back swing : 볼을 때리기 위하여 라켓을 뒤로 가져가는 것. 테이크백(take back)이라고 한다.

band : 네트 상부를 매는 줄, 또는 쇠줄을 싸는 흰 띠. 네트 상단을 누르는 가늘고 긴 하얀 천

block : 서비스 리턴 때 손목을 단단히 하여 거의 백스윙 없이 밀어내듯이 치는 동작

base line player : 백코트에서 그라운드 스트로크를 무기로 하는 플레이어

bounce, bound : 볼의 튕김. 튀어 오름

break : 상대방의 서비스 게임을 깨뜨리는 것. 또는 제 3세트 후의 10분간의 휴식

break point : 상대방의 서비스 게임을 이길 수 있는 포인트

bye : 부전승

C

cannon ball : 플랫(flat)면으로 친 스피드 있는 강력한 서비스 볼

center mark : 서비스 라인을 2등분하는 중앙의 마크

center service line : 서비스 코트를 좌우로 나누는 중앙선

center strap : 네트의 중앙을 3피트 높이로 수직으로 조이는 흰 띠

chip : 바운드 한 볼에 마치 뿌려 내듯이 작은 백스윙과 파로 드로우 스윙을 하여 강한 언더스핀을 주는 것.

chop : 바운드 한 볼을 나무를 자르듯 앞 아래쪽으로 라켓을 스윙하여 깎아 치는 방법

clay court : 점토와 가는 모래를 혼합하여 만든 코트

concentration : 정신집중, 정신통일

continental grip : 엄지와 검지가 이루는 V자 홈이 라켓과 일직선인 그립

cross court : 코트의 한쪽 구석에서 맞은 편 구석, 즉 대각선

D

dead zone : 서비스 라인과 베이스 라인 사이의 지역

delicate shot : 아주 섬세한 터치를 필요로 하는 스트로크

deuce : 양 선수의 스코어가 40 : 40 일 때

double fault : 2개의 서브를 다 실패하는 것으로 실점이 된다.

drive : 넓은 뜻으로는 그라운드 스트로크, 좁은 뜻으로 톱 스핀이 걸린 샷

drive volley : 라켓으로 볼을 감싸듯이 하여 톱스핀이 걸린 발리

drop shot : 네트 너머로 살짝 떨어지게 하는 타법

E

En-tout-cas court : 앙투카 코트, 벽돌가루로 만든 코트

F

fault : 서비스의 실패

flat : 라켓 면을 수직으로 하여 볼의 정면을 치는 것으로 스핀이 없고 강하다.

flat serve : 스핀을 넣지 않은 서브

follow : 볼을 끝까지 쫓아가는 것

follow through : 타구 동작 후 그 동작을 끝까지 행하는 것

foot fault : 서비스 때 라인을 밟거나 코트 안에 발을 딛는 행위로 반칙이다.

foot work : 발의 움직임

forcing shot : 상대방을 압박하는 타구

fore court : 서비스 라인과 네트 사이의 지역

fore hand : 라켓을 들고 있는 방향에서 그대로 쳐 보내는 샷

forward swing : 백스윙으로부터 라켓을 앞으로 내미는 동작

games all : 게임듀스(game deuce), 양 선수의 게임 스코어가 5 : 5

G

good shot : 상대편의 훌륭한 플레이를 칭찬해 주는 말

grass court : 잔디 코트

grand slam : 호주, 프랑스, 윔블던, US 오픈 모두에서 우승 하는 것

ground smash : 높은 로브를 한번 지면에 튀게 한 후 세게 때리는 스매시

ground stroke : 바운드시켜 때리는 타구

gut : 라켓에 매는 줄

H

half volley : 볼이 지면에 닿자마자 튀어 오르는 볼을 쳐 넘기는 타구

hard court : 잔디 코트 이외의 딱딱한 코트

hard luck : 상대방의 아까운 실수에 대한 위로의 말

high volley : 어깨보다 높은 위치에서 행하는 발리

I

impact : 볼이 라켓에 맞는 순간. 타구의 순간

let : 무효. 임의적으로 게임이 중단 되었을 때, 게임을 다시 하는 것

lob : 볼을 높게 쳐 올리는 것

lob volley : 발리로서 로브를 하는 것

loop drive : 볼을 지면에 낮게 떨어뜨려서 아래로부터 위로 라켓으로 문질러 올리듯이 치는 드라이브 볼은 높이 튀지만 스피드가 느리다.

love : 러브(0; zero)

love game : 한 포인트도 따지 못한 게임

low volley : 무릎보다 낮은 위치에서 하는 발리

M

match : 경기. 시합

match point : 그 시합이 완전히 끝나게 되는 마지막 한 포인트

miss : 실수

mixed doubles : 남녀가 한 조가 된 혼합복식 경기

N

net man : 복식 경기에서 네트 가까이에 있는 선수

net play : 네트 앞에서 하는 플레이

net touch : 경기도중 몸이나 라켓, 또는 옷이 네트에 닿는 것

not ready : 서브 리시브 때 아직 받을 준비가 되지 않았을 때

not up : 지면에 2회 이상 튀긴 볼을 쳤을 때 심판이 사용하는 용어

O

open court : 코트의 빈 곳
open tennis : 아마추어 선수권 대회에 프로 선수의 참가를 인정하는 것
open tournament : 누구나 참가할 수 있는 제한 없는 선수권 대회
over head smash : 머리 위로 넘어가는 볼을 스매시하는 것

P

passing shot : 네트 플레이어의 좌우로 볼을 내는 것
percentage tennis : 확률을 계산한 테니스.
percentage zone : 볼이 올 확률이 가장 많은 지역
permanent fixture : 코트의 상설 물.
placement : 목표로 한 장소나 지점, 겨냥한 장소에 볼을 보내는 것
poach : 자기 파트너에게 가는 볼을 파트너가 가로채는 플레이
poacher : 포치 하는 사람
power shot : 강한 스트로크

R

rally : 볼을 연속해서 쳐 넘기는 것
reach : 팔 길이, 수비 범위
ready position : 준비의 자세
receiver : 서브를 받는 사람
referee : 그 대회의 운영과 진행의 모든 책임을 맡고 있는 심판장
reverse twist serve : 볼에 역회전을 주기 위해 라켓 면을 오른쪽으로부터 왼쪽으로 끌어당겨 치는 서브
rising ball stroke : 바운드하여 떠오르는 볼을 치는 것. 하프 발리보다 높은 타점 이며 정상보다는 낮다. 타구에 스피드가 있게 된다.

round robin : 출전한 선수끼리 모두 한 번씩 대전하는 리그전

S

scissors formation : 서버와 파트너가 서브하자마자 포지션을 바꾸는 방법

second court player : 복식게임에서 왼쪽 사이드에서 경기를 주로 하는 선수

seed : 랭킹이 높은 선수부터 대진표에 나누어 작성하는 방법

serve volley player : 강력한 서비스에 얻고자 하는 플레이어

service ace : 서브로서 득점하는 것.

set point : 그 한 포인트로써 한 세트를 이길 수 있는 포인트

side spin : 라켓을 전방과 몸 쪽으로 끌어당기면서 옆으로 스핀을 넣는 것

shot : 타구, 스트로크

slice : 역회전을 준 타구

smash : 머리 위의 높은 볼을 강하게 내려치는 것

snap : 손목의 작용

spin : 볼에 회전을 거는 것

stance : 타구 때의 양발이 위치와 간격.

step in : 스트로크 할 때 한 발을 내 딛는 것

stop volley : 드롭 발리

straight ball : 세로로 사이드라인(side line)을 따라 치는 볼

strategy : 전략. 기질과 체력을 포함한 모든 조건을 생각한 고도의 전술

stroke : 볼을 치는 동자

sudden death : 타이브레이크(tie break)

T

tactics : 전술, 전략

tennis elbow : 테니스를 함으로써 팔꿈치에 받는 상해

through : 볼이 네트 사이로 빠지는 것

tie break system : 게임 스코어가 6:6 일 때 2 포인트를 먼저 얻으면 승리하는 경기 규칙(본문 참조)

top spin : 볼의 12시 방향에 회전을 많이 주는 타구

toss : 서브를 하기 위해서 테니스볼을 위로 적당한 높이로 던져 올리는 동작

V

volley : 볼이 지면에 닿기 전에 치는 타구

volleyer : 주로 발리를 하면서 경기를 하는 선수

W

watch : 파트너에게 아웃 되는지 확인하기 바람.

Western grip : 라켓 면을 코트 면과 평행되게 하여 잡는 그립 법

Wimbledon : 전 영국 선수권 대회를 개최하는 영국의 지방

winning shot : 포인트를 결정짓는 tit

wrist : 손목

부록3. 참고 문헌

김동진 외 7. 「테니스 훈련 지도서」. 스포츠 과학 연구원, 1986.

김동진, 신인식. 「테니스」 교학사, 1998.

김동진. 「테니스의 이론과 실제」. 동화출판사. 1988.

박종욱, 박동수, 박희석. 「테니스 아카데미」. 대경북스, 2002.

송성섭. 「테니스의 이론 및 지도 방법」. 도서출판 홍경, 2000.

양재룡. 「현대생활과 테니스」. 형설출판사, 2003.

월간 테니스 코리아. 「테니스 핵심 테크닉」. 1994.

월간 테니스 코리아. Tennis. (주)동승통상, 1999.

임광혈, 고낙원, 박승화. 「쉽게 배우는 테니스」. 보경문화사, 1995

정상원. 「Tennis 길잡이」. 도서출판 대경.

최성훈. 「Tennis One」. 무지개사. 2006.

최성훈, 김동진(2003). 테니스 참가지속의도와 참가중단의도에 영향을 미치는 테니스 속성 및 인지심리적변인 분석. 한국체육학회지.

최성훈(2004). 대학 테니스 동아리 학생들의 테니스 참가동기, 지속수행성, 그리고 지속의도 분석. 한국체육학회지.

최성훈(2006). 한국 동호인 테니스 대회 참가자들의 특성에 대한 분석. 한국체육학회지.

현대 레저 연구회. 「정통 테니스」. 진화당, 1994.

JK 영상 미디어. 「최신 테니스 입문」. 국일 미디어, 1995

Tennis Korea. 「단식 필승 이론」. 미디어인 M&B월간테니스 코리아. 2003

Tennis Korea. 「발리」. 미디어인 M&B월간테니스 코리아. 2003

Tennis Korea. 「백핸드」. 미디어일 M&B월간테니스 코리아. 2003

Tennis Korea. 「테이크백」. 미디어일 M&B월간테니스 코리아. 2003

Tennis Korea. 「포핸드」. 미디어일 M&B월간테니스 코리아. 2003

Tennis Korea. 「Service Return」. 미디어일 M&B월간테니스 코리아. 2003

W. Tsukagoshi 저, 주원홍 감수. 「파워 테니스 교본」. 삼 미디어, 1995.

부록4. 테니스 관련 홈페이지

1. 국내

1) 테니스 코리아 http://www.tennis.co.kr/
2) 한국동호인테니스협회 http://www.ikata.org/
3) 한국시니어테니스연맹 http://www.kstftennis.com/
4) 정진화의 사이버테니스 http://tennisnet.co.kr/
5) 부산오픈 http://www.busanopen.org/
6) 대한테니스협회 http://www.kortennis.co.kr/

2. 국외

1) ATP http://www.atptennis.com/
2) 호주오픈 http://www.australianopen.com.au/
3) 프랑스오픈 http://www.fft.fr/rolandgarros/
4) 윔블던 http://www.wimbledon.org/en_GB/
5) US 오픈 http://www.usopen.org/
6) ESPN http://sports.espn.go.com/sports/tennis/
7) 테니스 웨이 하우스 http://www.tennis-warehouse.com/
8) 스포츠 일리스트레이션 http://sportsillustrated.cnn.com/
9) 반니비르 테니스 http://www.vandermeertennis.com/
10) 테니스원 http://www.tennisone.com/
11) 유튜브 http://www.youtube.com/